CRÉATURES DES NEIGES

SÉRIE « SF Jimmy GUIEU »

Déjà parus

N° 1 – Au-delà de l'infini
N° 2 – Les monstres du néant
N° 3 – L'invasion de la Terre
N° 4 – Les Êtres de feu
N° 5 – Hantise sur le monde
N° 6 – Convulsions solaires
N° 7 – L'univers vivant
N° 8 – Réseau dinosaure
N° 9 – La Dimension X
N° 10 – Chasseurs d'hommes
N° 11 – La Spirale du temps
N° 12 – Nous les Martiens
N° 13 – Le monde oublié
N° 14 – Mission « T »
N° 15 – L'homme de l'espace
N° 16 – L'Ère des Biocybs
N° 17 – Opération Aphrodite
N° 18 – Expérimental X-35
N° 19 – Commandos de l'espace
N° 20 – Planète en péril
N° 21 – L'Agonie du verre
N° 22 – Univers Parallèles
N° 23 – La Grande Épouvante
N° 24 – Nos Ancêtres de l'Avenir
N° 25 – L'Invisible Alliance
N° 26 – Prisonniers du Passé
N° 27 – Piège dans l'Espace
N° 28 – Les Portes de Thulé
N° 29 – Le Secret des Tshengz
N° 30 – Refuge Cosmique
N° 31 – Demain l'apocalypse
N° 32 – Les Destructeurs
N° 33 – Les Forbans de l'Espace
N° 34 – La mort de la Vie
N° 35 – Joklun-N'Ghar la maudite
N° 36 – Le Règne des Mutants
N° 37 – Traquenard sur Kenndor
N° 38 – Cité Noé n° 2
N° 39 – Le Grand Mythe
N° 40 – Les Orgues de Satan
N° 41 – Expédition cosmique
N° 42 – Les Cristaux de Capella
N° 43 – Les Maîtres de la Galaxie
N° 44 – Opération Ozma
N° 45 – Les Rescapés du néant
N° 46 – L'Exilé de Xantar
N° 47 – L'Age noir de la Terre
N° 48 – Le Retour des dieux
N° 49 – Les pièges de Koondra
N° 50 – Les sept sceaux du Cosmos
N° 51 – Les Fugitifs de Zwolna
N° 52 – La Terreur invisible
N° 53 – Le bouclier de Boongoha
N° 54 – L'ordre vert
N° 55 – Le triangle de la mort

science fiction

SF

JIMMY GUIEU

Grand Prix du Roman Science-Fiction 1954
Prix du Roman Esotérique 1969
Grand Prix du Roman S.F. Claude Auvray 1973

CRÉATURE DES NEIGES

PRIX DU ROMAN ÉSOTÉRIQUE (1969)
décerné par
« Histoire & Tradition »

Plon

Illustration de couverture : Jean-Louis Morelle

ISBN 2-259-01517-4
ISSN 0-242-3715

A vous, Georges Delaquys, dont le talent et l'imagination firent naître avant l'heure ces extraordinaires « créatures ».

En témoignage d'admiration pour votre « L'Homme des neiges ».

Votre ami,

J. G.

CHAPITRE PREMIER

Le professeur Howard Laker, l'éminent géophysicien attaché au California Institute of Technology, s'agitait en tambourinant de ses doigts sur le bureau sans quitter des yeux la lettre dont il venait de prendre connaissance.

Laimon Brown, son collaborateur – âgé d'une trentaine d'années seulement mais promis déjà à un brillant avenir ainsi que le laissaient augurer ses récents travaux sur le magnétisme terrestre – conservait le silence. Confortablement installé dans un fauteuil de cuir fauve, il observait le géophysicien, de vingt ans son aîné mais qui était pour lui moins un maître qu'un ami. Cinq années d'étroite collaboration avaient en effet scellé entre eux une solide amitié.

En dépit de leur dissemblance, tant au moral qu'au physique, ces deux hommes s'entendaient à merveille. Le professeur Laker, petit, replet, le visage rougeaud, imberbe, offrait une physionomie poupine que démentait souvent un caractère volontiers bougon. Ses cheveux poivre et sel, particulièrement rebelles, se dressaient en désordre sur son crâne au front haut. Le savant avait en effet la fâcheuse habitude de fourrager nerveusement dans sa chevelure selon la nature de ses préoccupations. Assez peu soucieux de l'harmonie vestimentaire, il n'était pas rare de voir Howard Laker arborer par exemple une cravate d'un vert tendre tranchant horriblement sur une chemise rosée et un costume marron.

Laimon Brown, en revanche, était non seulement très élégant mais il ne se départait que rarement de sa calme assurance. Le ton de ses cravates – discrètes – s'harmonisait toujours avec ses vêtements d'une coupe soignée. Ses cheveux noirs, légèrement ondulés, étaient aussi correctement peignés que ceux de son maître et ami étaient emmêlés.

Le professeur Howard Laker s'arracha à la contemplation de la lettre en grognant :

– Qu'est-ce que vous dites de ça, Brown?

L'interpellé offrit son étui à cigarettes, attendit que son interlocuteur se fût servi, alluma son briquet et, après avoir rejeté une bouffée de sa M.S., il consentit à répondre :

– Je dis que si l'O.S.I. [1] nous envoie ce docteur Claude Palmer, force nous est de l'accepter. Résignons-nous à le voir participer à notre mission d'étude.

1. O.S.I. (Office of Scientific Investigation) : Bureau des Investigations Scientifiques.

– Mais Bon Dieu! Laimon, ce Palmer est un anthropologue! Vous me rendriez grand service en m'expliquant ce que, à votre avis, un anthropologue peut bien avoir à faire dans notre mission géophysique? Je n'ignore pas que les multiples investigations menées au cours de cette nouvelle Année Géophysique Internationale englobent diverses branches de la science, depuis la géologie, la météo, le magnétisme, la gravitation, les rayons cosmiques et le lancement des satellites artificiels, mais tout de même, un anthropologue! Pourquoi pas un spirite ou un objecteur de conscience!

Le jeune spécialiste du géomagnétisme sourit devant cet emportement crescendo :

– la décision venant de l'O.S.I. et cet organisme dépendant directement du gouvernement, quelle raison pourrions-nous invoquer pour refuser d'admettre parmi nous ce docteur Palmer et son diplôme d'anthropologue? Les termes de la lettre sont clairs : *le docteur Claude Palmer a été désigné* – DÉSIGNÉ, répéta-t-il en détachant les syllabes – *pour accompagner votre mission d'étude dans les Andes. Ses travaux connexes entrent dans le cadre de l'Année Géophysique Internationale et...*

– *... et nous sommes persuadés que vous serez heureux d'escorter le docteur Palmer jusqu'à la région andine où se dérouleront vos recherches respectives.* Je sais cela par cœur! grommela Howard Laker en écrasant sa cigarette dans un cendrier. Je me demande ce qu'ils mijotent, à l'O.S.I., pour nous avoir collé un anthropologue?

– Certainement rien de transcendant, professeur. Je crois tout simplement qu'en raison des énormes dépenses qu'occasionne l'organisation de l'Année Géophysique Internationale, les gouvernements ont décidé, *in extremis*, de faire d'une pierre plusieurs coups. C'est ainsi qu'aux équipes géophysiques seraient adjoints des spécialistes de branches scientifiques fort différentes, à savoir, par exemple dans notre cas, un anthropologue.

– Mais pourquoi à nous, précisément?

– Rien ne prouve que notre équipe est la seule à avoir reçu un anthropologue, objecta Laimon Brown. D'autres ont pu recevoir des ethnologues, des botanistes...

– Et pourquoi pas des philatélistes à la recherche de timbres rares? ronchonna le savant.

– Allons, professeur, l'apaisa son collaborateur. Acceptez ce docteur Palmer et laissez-le donc faire son boulot. Il ne nous encombrera certainement pas, puisque ses recherches se limiteront aux Indiens des Andes, alors que nous-mêmes serons occupés à étudier le sol et le sous-sol du pays, sans oublier le rayonnement cosmique en haute altitude.

– J'espère bien qu'il ne nous encombrera pas, sans cela je saurai le remettre à sa place parmi les sauvages et primitifs de...

Le vibreur de l'interphone posé sur son bureau grésilla, interrompant ses bougonnements.

– Le docteur Claude Palmer vient d'arriver, annonça la voix d'une secrétaire occupant le bureau voisin. Pouvez-vous le recevoir, professeur?

Celui-ci haussa vivement les sourcils et, avant d'enfoncer la touche « on », il s'exclama :

– Merde! Le voilà déjà dans nos pattes! Je ne l'attendais pas avant cet après-midi...

Il mit le contact et ordonna à sa secrétaire d'introduire l'importun. Une minute plus tard, la porte coulissa silencieusement et livra passage à une jeune femme blonde dont les cheveux courts et bouclés paraient un visage à la fois délicat et énergique. Un fond de teint discret atténuait à peine un hâle naturel témoignant, chez la visiteuse, d'un séjour prolongé au grand air. Ses yeux bleus, très expressifs, allèrent rapidement de l'un à l'autre des deux hommes et un sourire fort agréable accentua deux fossettes au creux des joues de la jeune fille.

Sous le coup de la surprise, le professeur Laker et son collaborateur jetèrent un coup d'œil pardessus son épaule. Le sourire de la nouvelle venue se transforma en un rire de gorge car elle avait su parfaitement interpréter cette mimique.

– Non, déclara-t-elle d'une voix chaude, il n'y a pas erreur de personne, je *suis* le docteur Claude Palmer, anthropologue du British Museum détaché à votre mission par l'O.S.I.

Décontenancés, ils s'inclinèrent et se présentèrent en serrant cordialement la main de l'anthropologue anglaise.

– Mes parents, plaisanta-t-elle en prenant place dans un fauteuil sur l'invitation du professeur Howard Laker, auraient peut-être dû me prénommer Mary ou Dorothy et non point Claude. Cela eût évité bien des malentendus...

Le savant toussota avant de s'excuser pour cet accueil marqué par la surprise :

– Je... heu... je crois que vos parents ne sont pour rien dans ce léger imbroglio car, effectivement, Claude est *aussi* un prénom féminin. Le malentendu est imputable au service administratif de l'O.S.I. qui aurait dû mentionner Mlle Claude Palmer et non pas seulement docteur Claude Palmer.

– Je présume que vous n'avez rien contre les scientifiques de mon sexe? dit-elle, amusée. Je suis sûre que nous nous entendrons très bien en dépit des différences fondamentales de nos spécialités réciproques.

– J'en suis persuadé, docteur Palmer, opina sans grand enthousiasme le professeur Laker.

La jeune fille posa une serviette de cuir sur ses genoux et en sortit une lettre qu'elle tendit au géophysicien. Mais en se penchant en avant, un dossier s'échappa de la serviette et son contenu se répartit sur le tapis du bureau.

Laimon Brown se précipita pour ramasser les documents épars aux pieds de l'anthropologue et jusque sous un classeur métallique. Un genou à terre, il récupérait plusieurs feuillets lorsqu'une fugitive expression d'étonnement crispa ses traits à la vue d'un agrandissement photographique et d'un dessin à l'encre de Chine. Il se releva néanmoins prestement et rendit au docteur Palmer ces derniers documents.

La jeune fille l'observa avec une attention soutenue, bizarre même, car ses grands yeux bleus venaient subitement de perdre leur éclat pour devenir étrangement ternes. Ce changement dans le regard ne dura pas et, après un battement des paupières, elle sourit et remercia Brown.

Le professeur Howard Laker reposa la lettre sur son bureau :

– L'O.S.I. aurait dû commencer par m'adresser cette missive au lieu de m'annoncer en style administratif votre participation à notre équipée! Je vous souhaite donc la bienvenue parmi nous et espère que... hum... que la particularité de vos travaux ne créera aucune interférence dans les nôtres et ce pour le plus grand bien de nos résultats respectifs.

Cette mise en garde, quoique avancée sur un ton courtois, n'en fut pas moins interprétée comme un avertissement chez la visiteuse qui crut bon de préciser, sans laisser transpirer son humeur en présence de cette petite mise au point :

– Mon rôle se bornera à séjourner parmi les tribus indiennes des Andes vivant dans les régions où vous et vos spécialistes procéderez à vos recherches. Le British Museum, profitant justement des vastes travaux qui amèneront des techniciens dans toutes les contrées du globe, a décidé d'adjoindre à ces spécialistes des anthropologues, linguistes, botanistes et zoologues. Ceux-ci effectueront, chacun dans sa branche, des recherches appropriées mais étrangères aux buts poursuivis par les centres organisateurs de l'Année Géophysique Internationale. Ces diverses missions géophysiques nous éviteront ainsi l'envoi d'expéditions spéciales, d'où gain de temps et d'argent, les crédits dont disposent habituellement les explorateurs étant limités. Le British Museum n'est d'ailleurs pas le seul à avoir dépêché ses spécialistes auprès des équipes de techniciens telles que la vôtre. Le Musée de l'Homme, de Paris, l'Institut de Paléontologie Humaine, de Moscou, et bien d'autres l'ont imité. En ce qui concerne mes confrères argentins, ils sont d'ailleurs à pied d'œuvre déjà et attendent mon arrivée dans les glaciers andins.

– Parfait, docteur Palmer, agréa le professeur Laker sur un ton laissant discrètement entendre que l'entrevue était terminée. L'O.S.I. vous a certainement renseignée sur notre départ, fixé à après-demain, mercredi, à 8 heures. Le docteur Laimon Brown, qui s'est spécialement occupé de l'organisation de notre expédition jusqu'au plateau de la Puna de Atacama, dans les Andes argentines, se mettra cet après-midi en rapport avec vous pour régler les questions d'acheminement de votre matériel... qui ne doit pas être encombrant, je suppose?

– En effet, confirma-t-elle en se levant. Mon équipement et mon matériel technique tiennent dans deux malles et un sac étanche.

– Si nous pouvions en dire autant! soupira le géophysicien Laimon Brown. Notre équipe emporte 15 tonnes de matériel et de vivres pour un séjour de deux mois seulement. Encore serons-nous ravitaillés régulièrement en vivres frais par hélicoptère.

En lui serrant la main, elle indiqua :

– Vous pourrez me joindre au *Catalina Hotel*, 907 California Street. J'ai tenu à loger à Pasadena [1] pour n'être pas trop éloignée du Caltech durant mon court séjour.

– Je vous appellerai au début de l'après-midi, mademoiselle Palmer, promit Laimon Brown cependant que le professeur Laker la reconduisait.

Après son départ, Laker se laissa tomber sur son fauteuil pivotant et fourragea consciencieusement dans sa tignasse en lançant cette question qu'il affectionnait particulièrement :

– Qu'est-ce que vous dites de ça, Laimon?

L'interpellé allongea les jambes, croisa les doigts sur son estomac et, la nuque appuyée sur le dossier de son fauteuil, il soupira, les yeux au plafond :

– Je dis que « ça » est ravissant, prof, et vous ne me contredirez sûrement pas.

1. Quartier de Los Angeles où le Caltech (appellation familière du California Institute of Technology) est situé.

Le savant haussa les épaules, tapota son gilet afin d'en chasser la cendre de cigarette et ronchonna :

– Là n'est pas la question. Être affublé d'un anthropologue, c'était déjà un peu raide à encaisser, mais que cet anthropologue soit une femme, cela l'est encore plus! Non, mais franchement, Laimon, vous nous voyez, dans les glaciers des Andes ou sur les plateaux gelés, avec ce poids mort à traîner avec nous? Je...

Il s'arrêta et observa son collaborateur qui, songeur, semblait s'intéresser à la pointe de ses chaussures.

– Laimon! Cessez donc d'examiner vos pieds et donnez-moi plutôt une idée pour refiler le docteur Palmer à une autre équipe.

Préoccupé, le jeune géophysicien fit cette réponse inattendue :

– Mes pieds m'intéressent moins que le sien, professeur...

– Le... le *sien*? Bonté divine! explosa le savant, congestionné. Vous ne voulez pas dire que... que Mlle Palmer est... unijambiste? Serais-je distrait au point de ne pas l'avoir remarqué?

– Rassurez-vous, sourit Brown, amusé par cette réflexion stupéfaite, Mlle Palmer est un bipède intégral, mais pardonnez-moi ce coq-à-l'âne involontaire. En parlant de *son* pied, je ne faisais pas allusion à ses extrémités mais plutôt au petit incident qui marqua son entrée dans votre bureau. Lorsqu'elle vous donna la lettre d'introduction émanant de l'O.S.I., le contenu de sa serviette tomba sur le tapis. Je me suis empressé de ramasser son dossier et les documents qui s'étaient éparpillés au sol et jusque sous ce classeur. Or, parmi ces documents, figurait un agrandissement photographique représentant une empreinte dans la neige, pour autant que mon bref coup d'œil indiscret ne m'ait pas trompé. Avec cette photographie se trouvait un dessin à l'encre de Chine représentant un pied, un pied énorme et velu, au gros orteil nettement détaché des autres doigts.

– Bah! une quelconque étude de reconstitution anatomique d'après une empreinte.

– Peut-être, professeur, mais plusieurs détails m'intriguent. D'abord, Claude Palmer est anthropologue et non anthropopaléontologiste, c'est-à-dire qu'elle étudie les races humaines *vivantes* et non les races humaines préhistoriques, donc, *disparues.* Car la photographie et le dessin représentaient – j'en suis à peu près sûr – un pied *non humain,* du moins un pied qui n'était pas celui d'un *homo sapiens* ou d'un *hominien actuel.* N'étant pas davantage zoologue ou paléontologue, que venaient donc faire ces documents, étrangers à sa spécialité, dans sa serviette?

Le professeur Laker arrondit les épaules et retroussa sa lèvre inférieure.

– Vous attachez de l'importance à des détails somme toute assez anodins. Je suis incompétent en matière d'anthropopaléontologie et ne saisis pas le rapport qui pourrait exister entre ces documents et notre propre mission.

– Je suis au contraire persuadé qu'il y en a un, insista le jeune géophysicien. Sans être davantage spécialiste en ces matières, l'anthropologie et l'anthropopaléontologie m'ont toujours passionné, c'est la raison pour laquelle ces documents attirèrent mon attention.

– Et c'est aussi pourquoi vous avez imaginé Dieu sait quoi sur cette photo et ce dessin qui, en eux-mêmes, ne signifient pas grand-chose.

– Peut-être, mais la photo, surtout, évoque en moi une réminiscence que je ne parviens pas à concrétiser. J'ai déjà vu cette photo, ou une photo analogue, quelque part, sans pouvoir me souvenir où, ni ce qu'elle représente exactement. En outre, le visage de Mlle Palmer prit une expression bizarre pendant un instant. Vous ne l'avez pas remarqué?

Le professeur secoua la tête, amusé, mais la sonnerie du téléphone l'empêcha de souligner le ridicule de ce raisonnement. Il décrocha en se nommant, attendit un instant et masquant de sa main le micro, chuchota à son collaborateur:

– C'est Thomas Hanley, d'Oxford.

Il passa l'écouteur à Brown et, découvrant le micro, s'informa:

– Comment va, Hanley?

– Fort bien, Laker. Notre avion décolle ce soir à 20 heures. Nous serons au Népal demain dans l'après-midi. Et vous, quand partez-vous pour l'Argentine?

– Après-demain à 8 heures. Figurez-vous que l'O.S.I. a jugé bon de nous coller un anthropologue, le docteur Claude Palmer, du British Museum.

– Si cela peut vous consoler, sachez que notre équipe a elle aussi reçu ce matin pour consigne d'emmener au Népal le docteur John Barnet, anthropologue également, détaché par la Cambridge University. Nous sommes donc logés à la même enseigne. Je me suis laissé dire que pour des raisons d'économie, les centres scientifiques intéressés par l'anthropologie et l'ethnographie, voire la zoologie, profitaient des nombreuses missions de recherches de l'A.G.I. [1] pour envoyer leurs spécialistes dans tous les coins du monde et ce sans engloutir des millions dans des expéditions organisées à leurs frais.

– Connaissez-vous l'anthropologue Claude Palmer? s'enquit Howard Laker.

– Nous nous sommes rencontrés voici deux ans à Delhi. Elle revenait d'un assez long séjour passé parmi les tribus montagnardes vivant au nord du Népal. De notre brève rencontre, je conserve de Claude Palmer le souvenir d'une jeune fille charmante, très dynamique, courageuse et fort compétente en matière d'anthropologie culturelle. L'alpinisme est en outre pour elle un sport familier puisqu'elle a suivi l'itinéraire d'Eric

1. A.G.I. : abréviation pour Année Géophysique Internationale.

Shipton dans l'Himalaya pour atteindre, sur le versant nord, divers villages très primitifs en des régions quasi inexplorées.

Le géophysicien Laimon Brown fronça subitement les sourcils. Les renseignements fournis par Thomas Hanley venaient de transformer tout à coup l'expression de son visage.

Lorsque, après avoir souhaité bonne chance à Hanley, le professeur Laker eut raccroché, son collaborateur s'écria :

– Je me souviens, maintenant, de ce que représentent la photo et le dessin dont nous parlions. Le professeur Hanley, en faisant allusion à l'explorateur britannique Eric Shipton, a réveillé mes souvenirs.

– Vraiment !

– Cette photo, je l'ai vue dans de vieux journaux et magazines – de 1952 ou 1953 – publiant une relation de l'ascension de l'Everest par Eric Shipton. Si j'ai bonne mémoire, ce dernier, son coéquipier le docteur Michael Ward et un porteur sherpa venaient de franchir un col de l'Everest et descendaient un glacier, à 5 800 mètres d'altitude. Persuadés d'être les premiers à fouler ce sol vierge, ils eurent la surprise de découvrir dans la neige d'étranges empreintes mesurant une trentaine de centimètres de long et beaucoup plus larges que celles des grosses chaussures d'alpinistes [1].

1. Authentique.

« Le porteur, peu rassuré, affirma qu'il s'agissait d'empreintes laissées par un Yéti ou « Abominable Homme des Neiges », cette créature mystérieuse dont font état non seulement les légendes indigènes mais aussi nombre de voyageurs.

« Shipton suivit ces empreintes sur plus d'un *mile,* jusqu'à une large crevasse où elles disparaissaient [1]. Nul, en définitive, n'a jamais pu expliquer d'une manière satisfaisante la nature de ces traces. Ours ou singes inconnus, prétendent les uns, créatures mi-simiesques, mi-humaines, soutiennent les autres.

– Admettons l'authenticité de ces détails, agréa le professeur. Il est possible, tout bien pesé, qu'une variété de singes des neiges ou d'ours inconnus hantent encore les régions inexplorées de l'Himalaya. N'a-t-on pas découvert sur ces glaciers le panda géant dont parlaient, aussi, les légendes indigènes?

« Cela concerne l'Himalaya et non les Andes où notre équipe va opérer; je ne vois donc pas de raison à vos préoccupations.

– C'est que, précisément, l'on a *également* découvert dans les Andes des empreintes identiques à celles laissées par les Yétis dans l'Himaya [2]! Je ne me souviens plus des régions où furent observées ces empreintes mais je ne serais pas étonné outre mesure d'apprendre qu'elles se

1. Authentique.
2. Authentique.

trouvaient non loin du glacier d'El Macon où nous allons travailler... en compagnie du docteur Claude Palmer. Vous voyez le rapport?

– Ma foi, non, avoua candidement le savant.

– Résumons les faits : Mlle Palmer effectua une exploration dans l'Himalaya en suivant l'itinéraire d'Eric Shipton qui vit et photographia les empreintes d'un « Abominable Homme des Neiges ». Elle transporte dans sa serviette un agrandissement de ce cliché et – la coïncidence est curieuse – Claude Palmer vient opportunément se joindre à nous qui allons opérer dans la Cordillère des Andes où, voici trente ans déjà, en 1956, des empreintes identiques à celles des Yétis ont été relevées. Vous ne trouvez pas cela bizarre?

– Simple concours de circonstances fortuites, à mon avis. Car enfin, pourquoi le docteur Palmer, l'O.S.I. ou le British Museum cacheraient-ils le but réel de leurs investigations en ces régions? Est-ce malhonnête, compromettant ou ridicule de partir à la recherche d'un singe?

– D'un singe, non...

– Que voulez-vous dire? s'étonna Howard Laker.

– Que nous ne savons pas s'il s'agit d'un singe ou... d'une créature. En outre, vous devez vous rappeler que toutes les missions d'exploration parties à la recherche des Abominables Hommes des Neiges sont revenues bredouilles. La presse ne rata pas l'occasion de le souligner avec ironie. Les sceptiques et négateurs non plus, d'ailleurs.

– Croyez-vous cela suffisant pour inciter l'O.S.I. ou d'autres organismes à cacher le véritable but poursuivi par le docteur Palmer, dans notre mission aux Andes, et par John Barnet, dans la mission géophysique de Thomas Hanley au Népal?

– Je ne sais pas, professeur. Il y a là des raisons qui peut-être nous échappent et justifient ces cachotteries.

– Hum! Laimon, je n'aime pas beaucoup ces façons d'agir dans notre dos. Tâchez de tirer les vers du nez à cet anthropologue en jupon! Si votre jugement et votre raisonnement quant à la photo et au dessin ne sont pas erronés, je ne serais pas fâché d'apprendre ce que dissimule la présence de Mlle Palmer parmi nous...

***

Le réceptionniste du *Catalina Hotel* reposa le combiné sur la fourche et annonça :

– Mlle Palmer vous prie de monter, monsieur Brown. Appartement 426, neuvième étage.

Quelques instants plus tard, la porte du 426 s'ouvrit à son premier coup de timbre et Claude Palmer, en jupe gris perle et chemisier blanc, l'accueillit avec le sourire :

– Je vous attendais, docteur Brown.

Elle l'invita à prendre place dans le salon-studio et s'affaira auprès d'un élégant petit bar mural. Ayant accepté un champagne Taittinger, Brown observait avec intérêt la jeune fille disposant coupes et bouteille sur une table basse au plateau de céramique polychrome.

« Combien est fausse, remarqua-t-il *in petto,* l'idée que le public se fait souvent du savant. Rien, chez cette ravissante jeune Anglaise, ne trahit son austère spécialité d'anthropologue. L'image conventionnelle du savant à barbiche, ou de la femme de science, sévère, grave et guindée, est bien éloignée de la vérité. »

– *Cheerio!* sourit-elle en levant sa coupe.

Ils burent une gorgée de Comtes de Champagne Blanc de Blancs et l'anthropologue déclara :

– Je vous ai préparé un état descriptif du matériel que j'emporterai... Vous pourrez facilement caser tout cela dans votre chargement.

Brown parcourut rapidement les feuillets dactylographiés qu'elle venait de lui remettre et son regard s'arrêta sur une ligne qu'il désigna du doigt avec étonnement :

– Vous emportez un émetteur-récepteur à ondes centimétriques?

– Naturellement. Cet appareil me sera fort utile, se contenta-t-elle de répondre sans autre explication.

– Mm, mm, rumina pensivement le géophysicien en poursuivant sa lecture.

Si la découverte d'un émetteur-récepteur dans cette nomenclature l'avait surpris, ce qu'il découvrait maintenant le laissait abasourdi.

– Fusil télescopique à gaz anesthésiant! lut-il à

haute voix. Modèle spécial à charge surcompressée. Pistolet à fusées signalisatrices, Colt. 45 et munitions *ad hoc!*

Il arrêta cet inventaire et considéra l'anthropologue avec stupeur :

– Dites, Palmer! Vous voulez vraiment emporter cet arsenal en Argentine? Jamais les autorités ne vous le laisseront introduire dans leur territoire.

Elle sourit, ouvrit sa serviette et, dans un dossier, prit un imprimé rose couvert de cachets officiels :

– Voici l'autorisation d'admission temporaire de ce matériel... spécial délivrée par l'ambassade argentine à Londres et voilà maintenant, signée des autorités américaines, l'autorisation de transit.

Le géophysicien examina minutieusement les documents officiels avant de murmurer, démonté :

– Tout cela me paraît bien en règle...

– Tout *est* en règle, Brown, souligna-t-elle.

– Oui, c'est évident, sans cela, vous ne tenteriez pas de passer ce matériel en Argentine via les États-Unis.

– Je ne *passe* pas ce matériel, rectifia-t-elle sans prendre ombrage de sa suspicion à peine voilée, je le transporte simplement avec moi pour l'excellente raison que j'en ai reçu l'autorisation pleine et entière des gouvernements intéressés.

– Mm, mm, rumina de nouveau son interlocuteur, pensif. Et naturellement, ce fusil à gaz, ce Colt et ce pistolet à fusées signalisatrices sont autant d'instruments anodins que justifie votre spécialité d'anthropologue?

– Non, évidemment, reconnut-elle sans paraître embarrassée, cela ressemble plus à un attirail de chasseur qu'aux attributs de l'anthropologue. Cependant – il n'est pas superflu de vous l'indiquer – j'ai été chargée par le British Museum de ramener vivants des spécimens zoologiques divers dont l'habitat est proche des glaciers andins. Point n'est besoin, pour cela, d'études zoologiques poussées. Il suffit d'être bon tireur, d'expédier à bon escient un obus à gaz – car le fusil en question tire non pas des cartouches mais de petits obus à gaz – et le tour est joué. Le projectile explose au sol en libérant violemment un nuage de gaz anesthésiant à expansion foudroyante. L'effet est quasi instantané : l'animal tombe, profondément endormi, et l'on n'a plus qu'à l'enfermer dans une cage sans encourir le moindre risque.

« Vous le voyez, tout cela est très simple, n'a rien de bien mystérieux ni d'inquiétant. Les animaux ainsi capturés sont alors dirigés vers la ville la plus proche d'où ils seront expédiés au British Museum, lequel évite l'envoi d'un zoologue et respecte ainsi la politique de compression budgétaire frappant les institutions scientifiques ne présentant pas un intérêt pratique ou économique immédiat. Ce n'est pas le cas pour vos travaux.

– Je vois, opina le géophysicien. Mais en dépit du fait que vous cumulez les fonctions de chasseur-zoologue et d'anthropologue, vous allez avoir besoin d'aide pour mener à bien vos... projets. Si la présence d'un zoologue spécialisé dans ces captures n'est pas indispensable, vous devrez cependant compter sur une aide qu'il nous sera difficile de vous apporter...

– C'est pourquoi le British Museum a conclu un accord avec le Musée d'Histoire Naturelle de Buenos Aires qui a déjà envoyé un petit groupe de zoologues et anthropologues argentins dans la région où vous-même opérerez. Divers pays ont procédé de la sorte, gagnant du temps et de l'argent grâce à cette collaboration scientifique internationale engendrée par les travaux entrepris à la faveur de l'A.G.I. C'est ainsi que des anthropologues et zoologues sont affectés aux diverses équipes géophysiques opérant dans certains pays. Mon affectation porte sur le territoire andin; d'autres confrères auront été désignés pour partir vers l'Himalaya ou ailleurs.

– Eh bien! docteur Palmer, il ne me reste plus qu'à vous souhaiter bonne chasse! sourit-il en levant sa coupe.

– Dieu merci! plaisanta-t-elle, je ne suis pas superstitieuse! A-t-on idée de souhaiter bonne chasse à un chasseur? Ceux-ci n'ont-ils pas assez de malchance, fréquemment, pour aller jusqu'à tenter le diable?

Elle sourit et but une gorgée de Taittinger,

tandis que Laimon Brown rétorquait innocemment :

– Un diable qui m'a tout l'air de ressembler à l'*Ukumar Zupai*...

Les cils de la jeune fille battirent vivement et ses doigts se crispèrent subitement sur la coupe qu'elle venait de porter à ses lèvres.

CHAPITRE II

Bien que parfaitement maîtresse d'elle-même, Claude Palmer, en entendant ce nom étrange, n'avait pu cacher entièrement sa surprise. Néanmoins, elle masqua sa réaction fugitive en versant de nouveau dans les coupes ce Taittinger Blanc de Blancs que son hôte semblait fort apprécier.

Puis ce fut d'un ton neutre qu'elle s'informa :

– Qu'entendez-vous par Uku... Je crains de ne pas avoir retenu ce terme curieux, sourit-elle, maintenant très décontractée.

– Au risque de vous paraître indiscret – bien que cela fût parfaitement involontaire – j'avoue avoir jeté un coup d'œil sur l'agrandissement photographique et le dessin à l'encre de Chine tombés de votre serviette, ce matin, dans le bureau du professeur Laker.

– Oh! je me souviens de cette maladresse de ma part. Oui, en effet. La photographie est celle d'une empreinte laissée dans l'Himalaya par ce que les Tibétains et Népalais appellent « l'Abominable Homme des Neiges ». Le dessin est la reconstitution anatomique du pied de cette créature inconnue.

« Ayant étudié les indigènes vivant sur les versants hymalayens, je me suis intéressée à leurs légendes et leur folklore. L'Homme des Neiges ou Yéti est l'un des personnages de ces légendes. Mais en quoi cela a-t-il un rapport avec le... le nom que vous avez cité?

Cette calme assurance, cet accent – apparent – de sincérité, ébranlèrent le géophysicien qui se demanda si, en vérité, il n'avait pas échafaudé une fable sans fondement.

– Vous n'avez jamais entendu parler des *Ukumar Zupai*, nom indien des Abominables Hommes des Neiges vivant dans les Andes [1]?

Ses lèvres remuèrent imperceptiblement et l'éclat de ses yeux s'effaça inexplicablement mais l'atonie de son regard ne fut que de courte durée. Sa physionomie redevenue naturelle, l'anthropologue secoua négativement la tête :

– C'est bien la première fois que j'en entends parler, Brown.

Le géophysicien remarqua le coup d'œil lancé par son hôte à la pendulette de la fausse cheminée et il se leva pour prendre congé :

– Excusez-moi. Mon imagination a travaillé par trop hâtivement. Je m'étais imaginé que vous vous intéressiez à l'*Ukumar Zupai* au même titre qu'au Yéti de l'Himalaya. Pardonnez-moi...

1. Authentique.

– Mais je n'ai rien à vous pardonner, Brown, sourit-elle. Mon intérêt pour les Yétis est tout à fait relatif, puisque je ne suis pas zoologue. C'est l'homme primitif actuel qui m'intéresse et non le singe. Oh! un instant encore, fit-elle en revenant à sa serviette pour y prendre divers coupons de papier. Voici les feuilles de route de mes bagages. Vous pourrez, à votre convenance, faire acheminer mon matériel avec le vôtre en Argentine.

– Merci. Il vous précédera ce soir, par avion-cargo, et les autorités argentines l'achemineront par hélicoptère de transport jusqu'au plateau andin où s'installera notre mission.

La sonnerie du téléphone résonna dans le studio et Claude Palmer tressaillit. Brown prit rapidement congé et tandis qu'il ouvrait la porte, la jeune fille lui lança en décrochant :

– Rappelez-moi dans la soirée...

Lorsqu'il fut parti, elle soupira avec une lassitude soudaine en soulevant le combiné du téléphone.

– Vous avez Buenos Aires, mademoiselle Palmer, annonça la standardiste de l'hôtel. Parlez...

– Professeur Orlando?

– Lui-même, mademoiselle Palmer, nasilla une voix à l'accent espagnol. Tout s'est-il bien passé?

– Moins bien que je ne l'espérais, professeur. Le géophysicien Laimon Brown, de l'équipe du Caltech, sort d'ici. Il m'a posé un tas de questions indiscrètes et je ne suis pas sûre qu'il ait admis d'emblée toutes les sornettes que j'ai dû lui débiter. Cela m'écœure un peu, professeur, de tromper ainsi cet homme et son patron, Howard Laker qui, pendant deux mois, deviendront mes compagnons.

– Je vous comprends, mademoiselle Palmer, mais l'ampleur de notre mission justifie ce tissu de mensonges.

– Je sais, je sais, dit-elle en jouant machinalement avec le fil du téléphone. Toutefois, ce jeune Brown n'est pas tombé de la dernière pluie et... il connaît l'existence des Uk...

– Palmer! cria vivement dans l'appareil la voix de l'anthropologue argentin Orlando.

– Je suis désolée, s'excusa-t-elle. Cette tension constante finit par être déprimante...

– A qui le dites-vous! soupira-t-il. J'en ai des cauchemars! C'est à devenir fou, mais il faut tenir et demeurer muet, ne pas se laisser aller aux confidences ni paroles déplacées... *surtout au téléphone.*

« Nous avons décidé de prendre contact avec la mission du professeur Laker dès son arrivée sur le plateau de la Puna de Atacama, proche du glacier d'El Macon. Grâce à la promptitude des travaux exécutés par le Génie de l'armée argentine, notre camp est déjà monté, à seulement trois cents mètres du camp où logeront les géophysiciens. Notre avion décolle dans une heure et, avant votre arrivée, nous serons installés.

« De votre côté, n'avez-vous rien à me signaler?

– Rien que je puisse vous dire... *maintenant.*

– Je comprends, murmura-t-il après un silence. Bon voyage, donc, et à très bientôt.

Elle raccrocha, songeuse, et se détendit au creux du fauteuil moelleux en fumant une M.S. Ses pensées vagabondèrent mais ne tardèrent pas à se fixer sur Laimon Brown dont la perspicacité ne laissait pas de l'inquiéter. Indiscutablement, il soupçonnait quelque chose. La simple vue de la photographie et du dessin figurant l'empreinte et le pied d'un Yéti avait suffi pour éveiller son attention.

Peu de journaux avaient fait allusion à l'*Ukumar Zupai*; en revanche, le monde entier avait entendu parler du Yéti himalayen. Or, il se trouvait précisément que Laimon Brown, pour une raison ou pour une autre, s'était intéressé à l'*Ukumar Zupai.* Mais si pour le géophysicien cet intérêt ne débordait pas du cadre de la curiosité, pour elle, il confinait à l'obsession!

Par association d'idées, l'anthropologue fut amenée à se remémorer l'étrange accident dont elle avait été victime, deux ans plus tôt, au cours de son expédition au Népal. Ses traits se crispèrent à ce souvenir et une flamme d'angoisse brilla dans ses yeux. Chaque fois qu'elle y pensait, une oppression s'emparait d'elle et ses idées se brouillaient inextricablement. Ce dont elle se souvenait se résumait à peu de chose : des sherpas népalais la relevèrent, inerte, sur les pentes d'un glacier, avec autour d'elle une multitude d'empreintes de pieds géants. Non loin de là, son confrère Ned Hillman avait été trouvé mortellement blessé dans une chute au pied du glacier.

Pendant des mois, après cet accident inexplicable, Claude avait désespérément essayé de se rappeler la cause de cette tragédie. Avait-elle fait une chute, elle aussi? Aurait-elle eu un malaise consécutif à la haute altitude?

Ses cauchemars effrayants dataient de cette époque. Elle s'était juré de ne plus retourner au Népal et l'eût-elle fait qu'une force – purement imaginaire, peut-être – l'en eût dissuadée. L'anthropologue s'étonnait, même, de n'éprouver pour sa mission dans les Andes qu'une sorte d'appréhension larvée et non point cette frayeur incoercible qui l'étreignait lorsqu'elle envisageait une nouvelle expédition au Népal, à la recherche de ces extraordinaires créatures des neiges.

Ses pensées s'orientèrent vers les récentes recommandations du professeur Orlando, son confrère argentin. Ses paroles s'étaient gravées dans sa mémoire :

« Veillez à ne rien laisser transpirer, dan votre attitude et vos paroles, du but véritable de nos travaux. Spécialiste des peuplades les plus primitives survivant à notre époque, vous avez été choisie pour participer à nos recherches... très spéciales. Le British Museum accepte de vous voir travailler pour un temps avec nous. Néanmoins, ce rôle sera totalement effacé. Alors que la presse chantera les louanges de vos compagnons géophysiciens, annoncera leur départ, leurs projets et leurs buts, votre nom, lui, *ne sera même pas cité.* Notre propre mission argentine n'aura même pas l'honneur d'un entrefilet en dernière page. Toutes ces précautions sont probablement ridicules et inutiles. Nous faisons peut-être fausse route et travaillons à l'aveuglette sur une créature sans doute aussi inoffensive qu'un singe, mais s'il y a vraiment *autre chose,* si les racontars des Indiens andins ne sont point des légendes, alors, nous devrons mettre tout en œuvre pour vérifier l'exactitude de ces informations. Nous-mêmes ne connaissons qu'une partie du problème. Nos gouvernements respectifs doivent en savoir davantage, posséder des éléments – ignorés de nous – qui leur permettent d'appréhender ce... je ne sais quoi d'alarmant et d'incompréhensible.

« En substance, il faut que des raisons exceptionnellement importantes aient motivé ce plan discret d'incorporation de spécialistes anthropologues parmi les équipes internationales des géophysiciens opérant, cette année, dans toutes les parties du globe connues pour recéler des Yétis ou des *Ukumar Zupai.*

« Les consignes des autorités compétentes sont formelles mais combien mystérieuses : en aucun cas, au téléphone ou au cours d'une liaison radiophonique inter-groupe, l'un de ces noms ne devra être prononcé par les anthropologues chargés de découvrir ces créatures.

« Nous, scientifiques, avait fait remarquer le professeur Orlando, sommes un peu vexés d'être tenus à l'écart des raisons déterminantes de ce comportement étrange, mais nous devons respecter les consignes. Peut-être serons-nous éclairés en temps opportun? Ce que nous ne comprenons pas, ce sont ces cachotteries dont on entoure les Abominables Hommes des Neiges, tant himalayens qu'andins... »

La jeune anthropologue abandonna ses cogitations et réalisa qu'il était déjà 18 heures.

Elle étouffa un soupir, alla prendre une douche et se frictionna ensuite avec son eau de toilette « Guirlandes », de Carven. Son calme retrouvé, elle enfila une robe ravissante, d'un bleu électrique à filets d'or irisés. Le téléphone sonna dans le salon-studio alors qu'elle achevait de retoucher son maquillage.

– Bonsoir, Brown, fit-elle en reconnaissant la voix de l'Américain. Avez-vous pu facilement caser mon matériel?

– Rien de plus simple, Palmer, assura-t-il en l'appelant également par son nom de famille selon la mode fréquemment observée, entre autres, par les scientifiques travaillant de conserve. J'ai même été étonné de la facilité avec laquelle les services douaniers ont passé sur le contenu de vos bagages! C'est à croire que vous jouissez en haut lieu d'une non moins haute protection, ironisa-t-il. Si vous saviez combien ils ont été tatillons avec notre propre matériel...

pourtant beaucoup plus inoffensif que le vôtre! Sans doute nos appareils de géophysique leur paraissaient-ils plus suspects que vos fusils à gazer les Uku...

Elle enfonça brutalement la fourche du téléphone pour couper la communication. Subitement devenue pâle, sa respiration soudain accélérée, elle raccrocha d'une main légèrement tremblante et ferma les yeux en se forçant au calme.

« Quelle imprudence! Prononcer ce nom tabou au téléphone! »

Elle fit entendre un petit bruit d'agacement avec ses lèvres et se leva pour faire quelques pas dans la pièce. Ainsi que cela lui arrivait souvent depuis son accident survenu au Népal, elle s'étonna d'observer dans son esprit un vide, un obscurcissement de ses pensées puis, aussi subitement qu'il était apparu, le malaise inexplicable se dissipa et elle se prit à murmurer :

– Comment expliquer à Brown la nécessité de ne pas...

La sonnerie la fit tressaillir. Elle hésita, posa ses doigts sur le combiné et laissa sonner plusieurs fois avant de se résoudre à décrocher.

– Brown?

– Oui. Dites donc, Palmer? Qu'est-ce qui vous a pris de raccrocher ainsi?

Claude Palmer se mordilla les lèvres, indécise, ne sachant pas exactement que répondre sans se compromettre.

– Navrée, Brown, mais c'est purement accidentel, débita-t-elle enfin sur un rythme rapide. En m'asseyant près du téléphone, la manche de la robe que je venais de passer accrocha la fourche et coupa ainsi votre communication...

– Mm, mm, murmura-t-il au bout du fil. Je suis pris ce soir jusqu'à 21 heures, mais après le dîner, voulez-vous que nous allions prendre un verre quelque part?

Elle tâtonna longuement, non point que cette invitation lui eût déplu, mais parce qu'elle appréhendait de devoir subir un flot de questions indiscrètes.

– Palmer? M'entendez-vous?

– Oui, oui, Brown. Je... je consultais mon agenda. J'ai de nombreuses choses à faire avant le départ et...

– Bon; voulez-vous dans ce cas déjeuner demain avec moi? Nous avons certaines démarches à entreprendre d'ici à quarante-huit heures et nombre de petits détails à régler ensemble...

La jeune anthropologue comprit parfaitement qu'en déclinant l'invitation de ce soir et même celle du lendemain, elle ne ferait que reculer l'échéance des explications délicates: l'incident de la photographie de l'empreinte avait bouleversé ses plans et elle se devait d'en tenir compte.

– Je ne vois rien d'urgent pour ce soir, finit-elle par dire. Venez donc me chercher vers 21 h 30 au *Catalina*.

***

Devant le miroir de sa salle de bain, Laimon Brown, rasé, versa dans le creux de sa main quelques gouttes de « Vétiver » de Carven et se « tapota » les joues d'un geste machinal. Il était en effet préoccupé par le comportement énigmatique de Claude Palmer. Il noua un foulard de soie dans l'échancrure de sa chemise blanche, enfila un blazer bleu nuit et, en sortant, rafla ses clés de voiture déposées sur une petite console du hall de son appartement.

Il quitta le parking souterrain au volant de sa Chevrolet *Cavalier* et, une demi-heure plus tard, se garait devant l'hôtel *Catalina.*

Claude Palmer l'attendait au bar en feuilletant distraitement un magazine touristique. Elle s'avança vers Laimon en souriant :

– Bonsoir, Brown, où m'emmenez-vous donc?

– A l'*Alamitos Bay,* un coin sympathique, à Long Beach. Je suis sûr que cela vous plaira.

Tout en ouvrant la portière pour la laisser s'installer sur le siège avant, il admira la grâce et l'élégance de cette jeune fille et attarda ses regards sur sa robe bleu sombre pailletée d'or puis sur ses magnifiques épaules et ses bras nus. En contournant son automobile pour prendre place au volant, il fit une grimace perplexe mais se composa aussitôt un masque neutre en présence de son invitée.

Ils n'échangèrent, durant ce trajet d'une demi-heure, que des banalités, chacun étant apparemment absorbé par des problèmes fort éloignés des remarques distraitement formulées de temps à autre. Après avoir rangé la *Cavalier* sur Ocean Boulevard, ils entrèrent dans le parc brillamment éclairé d'*Alamitos Bay*, un luxueux établissement balnéaire avec brasserie et terrasse. Sur la plage, face à la San Pedro Bay, s'alignaient des tables à parasols multicolores sous lesquels étaient suspendues des spirales lumineuses répandant une clarté bleuâtre. Un orchestre jouait en sourdine une vieille mélodie de Glenn Miller que le ressac du Pacifique rythmait dans un poudroiement d'argent. Une frise floconneuse courait tout au long de la plage, s'évanouissait pour renaître au gré des vagues.

Ils choisirent une table un peu à l'écart, proche de la grève, et commandèrent des jus de fruits. L'anthropologue admirait avec ravissement la San Pedro Bay sur l'eau sombre de laquelle tremblotaient les lumières de l'établissement. La jeune fille accepta une cigarette. A demi allongée sur son fauteuil de toile, une main pendant négligemment en dehors de son siège, elle s'abandonna à cette ambiance de musique douce syncopée parfois à contretemps par le roulement des vagues.

Laimon Brown l'observait à la dérobée, ne prêtant qu'une attention distraite à l'orchestre et au murmure de l'océan.

– Dans quarante-huit heures, nous frissonnerons sous nos lourdes fourrures...

– Voilà exactement ce qu'il ne fallait pas dire, reprocha-t-elle avec une feinte bouderie. Le charme est rompu. Je me faisais une joie de goûter cette exquise soirée de printemps, de humer cette odeur d'iode qui se mêle à celle des orangers et des magnolias et puis, crac! vous venez me rappeler qu'après-demain nous grelotterons dans les glaciers de la Cordillère des Andes. Vous n'êtes pas très romantique.

– Cette robe vous va à ravir...

– Là, vous commencez à l'être.., amorça-t-elle, mais son sourire s'effaça devant l'expression songeuse du géophysicien, une expression ne cadrant pas le moins du monde avec son compliment.

– C'est curieux, ajouta-t-il, avant de vous rejoindre au *Catalina,* je ne vous voyais pas ainsi. Non, j'imaginais une robe – un peu semblable à celle-ci qui s'harmonise avec le bleu de vos yeux et l'or de vos cheveux – mais avec de longues manches bouffantes...

– Quelle idée ridicule! pouffa-t-elle. De longues manches bouffantes avec une robe à grand décolleté!

– Oui, enchaîna-t-il sans se démonter, des manches capables *d'accrocher la fourche d'un téléphone*, par exemple...

Le rire clair de la jeune fille s'arrêta net.

– Bien joué, Brown! grinça-t-elle, froissée. Vous avez une façon très particulière de tourner les compliments pour tromper votre monde.

Il la considéra avec attention puis, se penchant vers elle, rétorqua à mi-voix :

– N'aimez-vous pas, vous-même, « tromper votre monde » ? Pourquoi m'avez-vous menti ? Si vous aviez pu entendre l'intonation de votre voix, ce soir au téléphone lorsque vous m'expliquiez, volubile, comment votre manche s'était – à vos dires – accrochée à la fourche de l'appareil, vous auriez réalisé combien cette explication paraissait invraisemblable. Votre robe – *sans manches* – n'est évidemment pour rien dans cette interruption de la communication. Vous avez délibérément coupé le contact parce que j'allais prononcer : *Ukumar Zupai.*

« Cette constatation insolite m'a tracassé toute la soirée... Vous ne dites rien ?

Était-ce dû à l'éclat bleuâtre du néon ou bien l'anthropologue avait-elle réellement pâli ? Elle prit une M.S. dans le paquet posé sur la table et l'alluma posément.

– C'est exact, Brown, consentit-elle à répondre après avoir rejeté la fumée avec lenteur. Ma robe n'est pour rien dans cette interruption. J'ai effectivement coupé intentionnellement la communication afin de vous éviter de commettre une bêtise involontaire... dont j'aurais pu supporter les conséquences.

Laimon Brown joua un instant avec son briquet à gaz avant d'observer :

– Vous êtes là seule à pouvoir m'indiquer le

moyen de ne plus commettre ce que vous jugez être une bêtise, Claude...

– J'aurais voulu vous éviter d'aborder ce sujet, Laimon, mais les événements m'incitent maintenant à rompre le silence.

A mi-voix, Claude rapporta alors au géophysicien les paroles du professeur Orlando, insistant sur le secret dont était entourée sa participation à la mission américaine dans les Andes. Elle lui révéla par ailleurs l'étrange accident dont elle avait été victime au Népal, accident mystérieux au cours duquel l'ethnographe Ned Hillman devait trouver la mort. Sa voix ne fut plus qu'un murmure lorsqu'elle mentionna la découverte des empreintes géantes dans la neige autour de l'endroit où elle avait perdu connaissance.

– Je n'ai jamais entendu histoire plus abracadabrante, Claude, dit-il après un long moment de réflexion. Comment votre gouvernement, les autorités népalaises, le gouvernement argentin et le mien pourraient-ils exiger pareille discrétion quant à la recherche des Yétis ou *Ukumar Zupai?* Je ne crois pas à l'hypothèse « singe des glaces » mais penche plutôt pour celle d'hominiens préhistoriques inconnus terrés en des régions inaccessibles. Tout de même, comment ces primitifs pourraient-ils, de leurs montagnes, être au courant des expéditions qui se préparent à partir à leur recherche? Et cette recommandation du professeur Orlando visant à ne jamais prononcer le nom d'*Ukumar Zupai* par téléphone ou lors des liaisons radiophoniques! N'est-ce pas pousser la prudence un peu loin? Orlando craindrait-il que les Abominables Hommes des Neiges n'interceptent vos communications téléphoniques? ironisa-t-il.

– Toutes ces questions, Lai, je me les suis posées et reposées maintes fois sans pouvoir y répondre. Les gouvernements nous cachent certaines données dont l'absence rend pour nous le problème insoluble. Cependant, puisque aussi bien nous allons travailler de conserve dans la même région, vous serez tenu de respecter la discrétion sur nos activités... occultes.

– Cela va de soi, ajouta-t-il en hochant la tête, perplexe. Je ferai part de cette recommandation au professeur Howard Laker... en négligeant de renseigner les autres membres de notre équipe, sauf indication contraire de votre « patron », naturellement...

***

La mission d'étude organisée à l'occasion de l'Année Géophysique Internationale fut amenée par un Airbus à Salta, dans la province du même nom. De là, deux hélicoptères Puma SA 330 C de transport venaient de décoller pour conduire les spécialistes à pied d'œuvre. Les deux appareils – spécialement munis de pales réactives pour les vols à haute altitude – mettraient une heure trente pour couvrir les quelque 250 kilomètres séparant

Salta de la Puna de Atacama, région désolée, proche du volcan Licancaur, à la frontière chilienne.

La formidable Cordillère des Andes bouchait l'horizon ouest et dressait sa masse torturée dans un ciel grisâtre. Des nuages sombres en noyaient, très loin, la plupart des sommets.

– Nous survolons Curu-Curu, indiqua Bunuelo, le pilote argentin, en désignant une petite agglomération bordant les contreforts andins. C'est là un des rares centres à peu près civilisés proches de votre base située trente-neuf kilomètres plus à l'ouest.

Les hélicoptères volaient bas, à seulement 500 mètres du sol, mais celui-ci se trouvait être déjà à plus de 2 000 mètres d'altitude et montait toujours. Le relief montagneux s'accentuait graduellement et la température se rafraîchissait davantage. Parmi les rocs déchiquetés, les névés devenaient plus nombreux. La brume laissait progressivement entrevoir des parois et des cimes enneigées.

– Voici Tolar Grande, précisa ensuite le pilote en jetant un coup d'œil sur un groupe de maisonnettes assez pitoyables entre lesquelles se mirent à courir des silhouettes minuscules aux yeux des passagers. Ce sont là des Indiens, des métis, des Chiliens, Boliviens et Argentins en petit nombre. Tolar Grande, à quatre mille mètres d'altitude, commenta-t-il, est le terminus d'une petite ligne de chemin de fer. Au-delà, commencent les sauvages régions de la Cordillère où votre base, dix-neuf kilomètres plus à l'ouest, est établie.

Les hélicoptères prirent encore de l'altitude, semblant presque suivre l'inclinaison du massif montagneux qui barrait l'horizon. Dix minutes plus tard, ils rétablirent leur vol horizontal au-dessus d'un vaste plateau couvert de neige, formant un escalier entre un groupe de montagnes qu'il dominait, et un second groupe, en arrière-plan, qui se dressait à l'extrémité nord-ouest de son entablement.

– La Puna de Atacama, quatre mille sept cents mètres d'altitude, annonça le pilote Bunuelo. Ce plateau est au cœur de la Cordillère des Andes. Les pics qui nous dominent à l'ouest atteignent parfois six mille mètres et certains sont encore inviolés. Ce géant, au nord-ouest, dont la base est à proximité de votre camp, est le glacier d'El Macon, six mille sept cents mètres de haut! La région reste à peu près vierge parce que très difficile d'accès; les Andinistes en savent quelque chose.

Le pilote scruta le paysage et, satisfait, soupira :

– La luminosité au sol est bonne; nous pourrons atterrir sans balisage mais le ciel est chargé et nous devons craindre la neige avant longtemps.

Deux groupes de baraquements brunâtres se dressaient au milieu de l'immensité blanche du plateau battu furieusement par le vent qui soulevait parfois de larges tourbillons de neige. Pareils à des obèses avec leurs lourdes combinaisons polaires, encapuchonnés de fourrures et les yeux protégés par de grosses lunettes en matière plastique fumée, plusieurs hommes sortirent des constructions en agitant joyeusement les bras.

Les Pumas se posèrent mollement dans la neige sur leur train d'atterrissage télescopique à ski et leurs occupants – chaudement emmitouflés dans des combinaisons chauffantes – sautèrent lourdement sur le tapis poudreux. Ils furent immédiatement entourés par leurs confrères argentins installés sur place depuis trois jours déjà.

Howard Laker, transi, serra tant bien que mal à travers ses moufles la main également gantée du professeur Nicolas Bentos, le chef de la mission géophysique argentine. Ce dernier présenta ses collaborateurs ainsi que le professeur Orlando, de l'Institut d'Anthropologie de Buenos Aires qui, avec son équipe, avait établi un camp 300 mètres plus loin.

Le professeur Orlando, âgé d'une cinquantaine d'années, accueillit avec une vive sympathie sa collègue britannique et présenta à son tour ses compagnons : Da Selva, zoologue, Ortego, ethnographe et Ortiz, linguiste.

Les diverses missions d'étude, dans une joie commune, firent bientôt plus ample connaissance en se réunissant dans le bâtiment principal des géophysiciens, bâtiment faisant office de réfectoire dans sa partie ouest et de « chambrée » dans sa partie est.

A l'occasion de cette première prise de contact, les techniciens argentins invitèrent à déjeuner non seulement Bunuelo et Dominguez, les pilotes des Pumas, mais aussi l'équipe anthropologique du professeur Orlando.

Ce baraquement préfabriqué – ironiquement baptisé « Le Palace » par les Argentins – comportait sur l'un de ses murs une longue rangée de crochets et portemanteaux auxquels furent suspendues les encombrantes combinaisons chauffantes. Un gros poêle à mazout entretenait une bonne chaleur dans cette construction basse de plafond où les dix-sept hommes formant les trois équipes s'étaient rassemblés. Au début, Claude Palmer fut assez intimidée de se trouver être la seule femme de cette petite colonie masculine, mais la bonne humeur et l'extrême amabilité de chacun finirent par avoir raison de son embarras.

Assise à la grande table entre le professeur Orlando et Laimon Brown, elle fit honneur, comme tous d'ailleurs, au repas préparé par le météorologiste Enrico Sarmiento et José Alvarez, le médecin de la mission géophysique. Cette corvée de la semaine valait bien des plaisanteries aux deux hommes, mais ceux-ci, la semaine suivante, ne manqueraient pas de retourner ces plaisanteries contre ceux qui prendraient leur place!

Le vent, avec une plainte lugubre, heurtait la porte extérieure du court tunnel de protection contre le froid. La neige commençait à tomber et venait parfois s'écraser en paquet, avec un « floc » sourd, contre les « vitres » en plexiglas des deux étroites fenêtres hermétiquement closes.

– Avez-vous eu le loisir de dresser le programme des réjouissances atmosphériques? s'enquit auprès du météorologiste son voisin, Luis Dorrego, spécialiste des rayons cosmiques.

Un large sourire éclaira la figure bronzée de Sarmiento qui mastiquait à belles dents un morceau de pemmican [1] :

– Nos amis américains ont dû ramener avec eux un peu de ce merveilleux climat californien! La neige qui tombe en ce moment cessera dans la nuit; l'anémomètre accuse un ralentissement de la vitesse du vent et le baromètre ne tardera pas à remonter.

– En d'autres termes, taquina Dorrego, si vous ne vous êtes pas trompé, demain il fera beau?

– Je ne me trompe jamais, jeune homme, pontifia l'autre en riant, c'est le temps qui, lui, s'ingénie à me tromper!

Ces reparties ne manquèrent point d'égayer les convives. Le repas se poursuivit dans un brouhaha de conversations, dans une atmosphère bruyante frisant quelque peu la pagaille mais où chacun pouvait cependant converser à son aise avec son voisin. A la faveur de ce tumulte bien

1. Viande séchée, réduite en poudre et comprimée en tablettes.

sympathique, Claude Palmer put s'entretenir à mi-voix avec le professeur Orlando sans que personne remarquât dans leur physionomie détachée le moindre signe de préoccupations graves.

– J'ai dû mettre le docteur Laimon Brown au courant de nos recherches exactes dans cette région, commença-t-elle en exposant au savant argentin les raisons pour lesquelles ces confidences s'étaient révélées nécessaires.

– Je vous comprends et vous approuve, acquiesça-t-il sur le même ton. En fait, je ne suis pas mécontent du tout que deux membres de la mission américaine – Howard Laker et Laimon Brown – soient au courant des buts poursuivis par nous. Cela est peut-être préférable...

Le professeur Orlando s'était exprimé de manière à être entendu par le géophysicien américain. Ce dernier se pencha vers Claude Palmer, qui le séparait du chef de mission, et déclara :

– Je suis étranger à vos recherches, professeur, mais dans la mesure de mes moyens, je me ferai un devoir de vous rendre service. Nos travaux, s'ils sont tout à fait différents, se dérouleront néanmoins dans cette même région. Cela nous permettra de rester étroitement en rapport.

– Je vous sais gré de votre aide, docteur Brown..., et de votre discrétion.

En fredonnant jovialement, le météorologue Sarmiento apporta une énorme cafetière fumante tandis que son compatriote Luis Dorrego disposait les tasses sur la table. Malgré la douce chaleur ambiante, tous burent avec satisfaction ce café brûlant en songeant que, bientôt, il faudrait de nouveau affronter le terrible froid andin. En début de matinée, le thermomètre descendait à 27 degrés au-dessous de zéro; toutefois, si les prévisions d'Enrico Sarmiento se réalisaient, on pouvait escompter une élévation de la température pour la journée du lendemain.

Alors qu'elle avançait les lèvres pour boire une gorgée de café, Claude Palmer s'immobilisa et ses mains se mirent à trembler. Un peu de café se répandit sur son pantalon kaki. Le professeur Orlando et Laimon Brown l'observèrent avec étonnement, la virent pâlir et se mordiller les lèvres en fixant la fenêtre. Ils suivirent instinctivement son regard et entrevirent vaguement une ombre qui disparaissait dans la grisaille des tourbillons de neige.

Claude reposa lentement sa tasse, ferma un instant les yeux en s'efforçant de contrôler sa respiration, puis elle étouffa un petit gémissement en posant sa main sur le bras du géophysicien.

– Qu'avez-vous, Claude? s'alarma-t-il en baissant la voix bien que les autres n'eussent rien remarqué de l'incident énigmatique.

– Oh! Laimon..., murmura-t-elle. Je... Il m'a semblé, à travers cette fenêtre, voir une... une chose horrible qui nous épiait...

– Une... « chose » horrible? répéta Orlando. Vous... voulez dire un *Ukumar Zupai?* acheva-t-il en blêmissant.

– Je ne sais pas, professeur. Cela fut très fugitif; une face sombre, énorme, et deux yeux glauques, m'a-t-il semblé...

– Allons, Claude, ressaisissez-vous, l'encouragea Brown en prenant sous la table ses doigts glacés dans les siens. Comment un Abominable Homme des Neiges – créature considérée comme des plus primitives – aurait-il pu se risquer jusqu'ici? Le plateau de la Puna de Atacama connaît depuis plusieurs jours une animation tout à fait exceptionnelle, la première sans doute depuis que le monde est monde, et vous voudriez que ce remue-ménage ait incité un *Ukumar Zupai* à venir rôder près de nous?

– Je crois que le docteur Brown a raison, mademoiselle Palmer. Cette « apparition » me paraît hautement improbable. Vous avez dû être victime d'une hallucination, phénomène assez commun à cette altitude. En outre, un tourbillon de neige a fort bien pu prendre une forme excentrique et vous jouer ce mauvais tour.

– Pourtant, bredouilla-t-elle, je... j'aurais juré...

Le brouhaha des conversations tomba brusquement.

– Avez-vous entendu? s'inquiéta Dominguez, l'un des pilotes, en fronçant les sourcils.

Le silence qui s'était soudainement établi dans le grand baraquement disait combien cette question était inutile. Chacun avait effectivement entendu – ou « cru » entendre – un cri étrange.

De nouveau, dans le calme subit seul troublé par les respirations légèrement haletantes, un cri suraigu se muant decrescendo en un long grognement grave arriva jusqu'aux techniciens. Ébahis, ces derniers échangèrent des regards incrédules et sidérés.

CHAPITRE III

Claude Palmer fut secouée par un frisson d'angoisse. Ce hurlement inhumain lui avait donné la chair de poule. Impressionnés, les autres se levèrent d'un commun accord et se bousculèrent pour aller décrocher précipitamment leurs combinaisons chauffantes. Le capuchon ourlé de fourrure rabattu sur leurs lunettes protectrices, ils sortirent en hâte, devancés par les pilotes argentins. Une bourrasque glacée chargée de flocons blancs les gifla brutalement. Courbés en deux pour avancer, ils s'enfonçaient jusqu'aux mollets dans la neige poudreuse qui maintenant tombait drue.

Le professeur Orlando, Claude Palmer et Laimon Brown sans s'être concertés baissaient les yeux à la recherche d'éventuelles traces, mais en pure perte. Leurs propres traces étaient presque immédiatement comblées par les éléments déchaînés. Le vent soulevait en travers du plateau désolé de véritables vagues de neige qui déferlaient sur eux, les enveloppaient, heurtaient les baraquements ou tourbillonnaient en un point du terrain avant de se disperser pour reprendre corps plus loin dans un mugissement sans fin. Le ciel était bas, la visibilité quasi nulle à plus de dix mètres.

Les techniciens argentins et américains s'efforçaient vainement de percer le jour pâle de l'uniformité blanche. Ils ne distinguaient rien, si ce n'était la masse des deux hélicoptères, à demi recouverts par la neige. Les pilotes firent le tour des Pumas sans découvrir la moindre trace suspecte.

– Nous avons dû rêver, cria le professeur Laker pour être entendu de ses compagnons. Le sifflement du vent, curieusement modulé, nous a trompés, voilà tout. Il n'y a personne d'autre que nous sur ce plateau battu par la tourmente.

– Même un Indien de Tolar Grande ou Curu-Curu ne se risquerait pas dehors avec un temps pareil, remarqua le météorologiste. D'ailleurs, comment aurait-il pu entreprendre l'escalade de la paroi est dans cette purée de pois? On n'y voit pas à dix mètres.

– Les traces ont pu être effacées par le blizzard, objecta Dorrego, le jeune physicien.

– Non, trancha Enrico Sarmiento. Des Indiens ne seraient pas sortis par cette tempête. C'est tout simplement le mugissement du vent qui nous a leurrés. Allons, venez, je vais vous préparer un autre café...

– Eh! Attendez une minute! cria un pilote en poussant un juron.

Ils le rejoignirent auprès du premier Puma et le découvrirent gesticulant près de la portière, furibond.

– Et ça? tonitrua-t-il sous le nez du météorologiste. Le vent peut-il en être *aussi* rendu responsable?

De sa main emprisonnée dans sa moufle il montrait la portière du *Puma* dont la poignée en acier *avait été arrachée.* L'axe, de section carrée, était tordu, cassé. S'étant approchés pour examiner les dégâts, l'anthropologue argentin, sa collègue anglaise et Laimon Brown n'en croyaient pas leurs yeux. Le professeur ôta vivement sa moufle puis son gant et, entre ses doigts, il saisit prestement quelques longs poils rougeâtres retenus par la cassure irrégulière du métal. Après quoi, il enfouit sa main dans la poche pectorale de sa combinaison brune.

– Qu'avez-vous trouvé, professeur? questionna Nicolas Bentos, le chef de la mission géophysique argentine, intrigué par le geste de son compatriote.

Pris d'un accès de fureur, le pilote Bunuelo se mit à sacrer, mais ses jurons ne suffirent pas à faire diversion; le géologue réitéra sa demande avec plus d'insistance :

– Professeur Orlando! Il vient de se passer ici des événements bizarres que le vent ne saurait expliquer. Vous paraissez vivement intéressé par cette portière endommagée. Par surcroît, vous avez prélevé quelque chose sur l'axe de la poignée disparue. Qu'est-ce donc?

Tergiverser n'aurait servi à rien aussi l'anthropologue se décida-t-il à répondre, gêné :

– Voulez-vous m'accorder un entretien pendant que les pilotes vont procéder à la réparation de cette portière? Nous ne sommes d'aucune utilité auprès d'eux et...

– Je ne veux pas m'immiscer dans votre discussion, intervint Bunuelo, froissé par cette mise à l'écart par trop visible, mais j'aimerais bien savoir comment, sur ce plateau désert, cette poignée a pu être arrachée et son axe cassé de la sorte?

Le chef de la mission argentine, piétinant à l'instar de chacun pour se réchauffer, connut à son tour un instant d'embarras et dut, contre son gré, user avec souplesse de son autorité pour stipuler :

– Commencez la réparation avant que la neige ne s'accumule sur vos appareils; d'ici là, le professeur Orlando et moi-même vous dirons ce qu'il est utile de vous révéler... pour autant que les éclaircissements du professeur Orlando puissent rendre compte de cet accident.

– Si vous le voulez bien, monsieur Bunuelo, ajouta l'anthropologue, nous rédigerons ensemble le rapport de « l'accident » que vous remettrez à votre chef de base à Buenos Aires. Vous n'aurez ainsi aucune difficulté pour obtenir, grâce à ce rapport très administratif, la poignée de rechange auprès du service des pièces détachées...

Le pilote bougonna quelque chose entre ses

dents et, avec son camarade Dominguez, alla vers l'autre appareil prendre les outils nécessaires à la réparation.

Courbés dans la tourmente de neige, les savants regagnèrent sans parler le baraquement principal. Débarrassés de leur surtout, assis devant un nouveau café préparé par le météorologiste, les hommes appesantirent leurs regards sur le visage grave et contrarié de l'anthropologue argentin. Ils ne furent pas sans remarquer également l'expression soucieuse de la jeune fille et du géophysicien Laimon Brown, expression notablement différente de celle des autres.

– A priori, entama le professeur Orlando, le voisinage de notre équipe anthropologique et la venue du docteur Palmer vous ont peut-être surpris.

– En effet, approuva le professeur Bentos. N'eût été la note confidentielle reçue des autorités quarante-huit heures avant notre départ et annonçant l'établissement de votre camp près du nôtre, je me serais permis de souligner tout ce que la présence d'anthropologues et zoologues avait d'insolite dans cette contrée désolée et sans âme. Mais continuez, je vous en prie.

– Ces précautions et l'appui des autorités dont nous jouissons – ou sommes victimes! – méritent quelques éclaircissements. Le caractère confidentiel de notre mission ne s'adresse pas à vous, mais à la presse. Il est indispensable que, pour le public, notre rôle reste effacé, voire, notre présence doit jusqu'à nouvel ordre passer inaperçue. Chose facile en principe : l'intérêt du public n'est-il pas axé sur les travaux géophysiques entrepris à l'occasion de l'A.G.I., branche de la science fort éloignée de l'anthropologie?

« Mais si la population ignore notre activité, les équipes géophysiques avec lesquelles nous sommes « jumelés », elles, sont en droit d'être étonnées de notre voisinage. Notre intention, si l'accident ou l'incident de tout à l'heure ne s'était pas produit, était bien de vous mettre au courant, de vous donner les raisons de notre venue en cette région, mais pas dans l'immédiat. Nous espérions avoir le temps de procéder à certaines recherches avant de « passer aux aveux ». Les impondérables en ont décidé autrement...

Ce préambule, pourtant nécessaire, impatienta les auditeurs du savant, mais celui-ci ne tarda pas à entrer dans le vif du sujet :

– Nous nous sommes évidemment rendus compte combien la nature... un peu particulière de notre matériel provoquait la surprise. Nul d'entre vous n'a admis d'emblée que nos fusils à gaz puissent être employés à la capture de spécimens vivants de la faune andine... très pauvre à ces altitudes. Vous n'avez pas eu tort de tiquer devant notre armement et l'émetteur-récepteur amené par Mlle Palmer, appareil apparemment inutile du fait que votre équipe en possède un déjà. Mais le nôtre a ceci de particulier qu'il émet sur une fréquence spéciale – variant de façon aléatoire toutes les deux secondes – que seul un récepteur non moins spécial peut capter... Je ne saurais vous dire pourquoi, d'ailleurs. Les autorités n'ont pas jugé bon de nous renseigner sur la nécessité de cette précaution extraordinaire.

« Revenons toutefois à notre... arsenal. Nos fusils télescopiques à gaz n'ont pas été prévus pour la capture de spécimens zoologiques mais bien plutôt pour la capture d'un ou plusieurs – si possible – *Ukumar Zupai!*

Le front du professeur Bentos se plissa et ses compagnons manifestèrent le même étonnement.

– Je vois que ce nom barbare n'a pour vous aucun sens. La presse a préféré user d'une image beaucoup plus suggestive – l'Abominable Homme des Neiges – pour désigner l'*Ukumar Zupai*, nom que les Indiens des Andes donnent à cette créature mystérieuse [1].

Le géologue Nicolas Bentos arqua les sourcils et toisa son compatriote :

– L'Abominable Homme des Neiges? Vous... Merde! Orlando, nous prendriez-vous pour des crétins avec vos histoires de croquemitaines? Si vous n'avez pas trouvé mieux pour justifier votre présence ici, je vous conseille de...

– Je vous en prie! lança Claude Palmer en se levant, le menton énergique, les narines frémissantes. Le professeur Orlando ne cherche pas à

1. Authentique.

vous duper. Le British Museum m'a désignée pour participer à des recherches précises auxquelles la Grande-Bretagne s'associe discrètement. Mon gouvernement, en outre, a conclu un accord avec les gouvernements argentin et des États-Unis qui échangeront réciproquement les résultats des investigations menées en divers points du globe sur la race étrange des Abominables Hommes des Neiges...

Elle fit une pause, hésita et finit par relater son inexplicable aventure survenue deux ans plus tôt dans le secteur népalais de l'Himalaya et précisa la raison de sa venue en Argentine :

– Je ne *pouvais* pas retourner au Népal; quelque chose d'inexprimable débordant ma volonté m'en empêchait. Cette force, cette opposition – de nature psychique sans doute – ne se manifesta point, pourtant, lorsque j'envisageais cette expédition dans les Andes et j'acceptai l'offre de venir ici.

« Mon confrère John Barnet, de la Cambridge University, lui, prit ma place au Népal et alla effectuer des recherches dans la zone où, précisément, opère l'équipe franco-anglaise de géophysique dont le chef est mon compatriote Thomas Hanley.

– Je comprends parfaitement, mademoiselle Palmer, cependant, en quoi votre malaise dans un glacier himalayen vous rendrait-il plus apte qu'autrui à étudier ce... cet animal baptisé Abominable Homme des Neiges?

Embarrassée, elle répondit à mi-voix :

– Parce que je... je crois avoir été enlevée par les Yétis et ramenée ensuite à l'endroit où les sherpas m'ont découverte.

Laimon Brown sursauta et dévisagea la jeune fille et d'un geste l'invita à poursuivre.

– Cette idée s'est imposée à moi plus tard et non pas immédiatement à ma reprise de conscience. Ce furent d'abord des cauchemars affreux qui me réveillaient dans la nuit, me laissant épuisée, couverte de sueur. Mais à l'encontre des cauchemars habituels, ceux-ci ne laissaient en moi aucun souvenir si ce n'était un malaise, une oppression *physique* et l'obscure prescience qu'un effroyable danger s'abattrait sur moi si je retournais au Népal. Sur ma demande, les autorités me soumirent à une série de séances d'hypnose. Je subis aussi volontairement l'épreuve du penthotal, sans plus de succès. Les psychanalystes ne purent rien extirper de mon subconscient qui puisse expliquer d'une manière satisfaisante la nature intrinsèque de mes cauchemars. Les étranges symboles dont les praticiens cherchèrent à percer le sens ne les menèrent nulle part. Personne à ce jour ne présenta jamais pareils symboles. En état de narcose, je prononçais, paraît-il, des paroles incompréhensibles, vides de sens, des mots inconnus qu'à mon réveil je ne comprenais pas. Ma voix même, enregistrée sur magnétophone, n'avait rien de comparable avec ma voix naturelle.

« J'ai l'obscure impression, voire la conviction – sans pouvoir l'expliquer – d'avoir été enlevée par les Yétis. Les résultats incohérents de ma narco-analyse devraient me rassurer – relativement – me démontrer que tout cela n'est qu'illusion ou imagination engendrée par mon subconscient. Or, précisément, les spécialistes n'ont rien décelé dans mon subconscient susceptible d'étayer cette hypothèse. Mon cas, particulièrement insolite, a incité les autorités – conseillées par les psychanalystes – à tenter une expérience : en me replongeant dans une « ambiance » propice, mes souvenirs masqués – si pareils souvenirs existent en moi – rejailliraient de mon subconscient pour s'imposer à mon conscient.

« C'est pourquoi, dans cette contrée répondant aux conditions requises parce que recélant des *Ukumar Zupai*, un éminent psychanalyste viendra incessamment ici pour contrôler éventuellement... mes réactions. Je vais donc, avec le docteur Richardson, le psychanalyste en question, et l'équipe du professeur Orlando, parcourir la région à la recherche des Abominables Hommes des Neiges. Nous tenterons d'en capturer un ou plusieurs et, en présence de ces créatures, peut-être l'étincelle se produira-t-elle qui libérera mes souvenirs jusqu'alors exaspérément insaisissables.

– Tous ces événements imprévus, compléta Orlando, nous acculent à des confidences qui doivent vous paraître passablement embrouillées, professeur Bentos. Nous espérions pourtant pouvoir nous tirer d'affaire et agir sans être obligés de vous mêler aussi rapidement aux mystères des *Ukumar Zupai.*

Le chef de la mission géophysique argentine toussota avant de parler :

– Excusez-moi, Orlando, mais je ne suis qu'à demi convaincu. Certes, l'accent de sincérité de Mlle Palmer ne saurait tromper. Je ne nierai pas davantage qu'à vos dires, les gouvernements anglais, américain, français et argentin s'intéressent bougrement aux Hommes des Neiges, toutefois, cela ne suffit pas à m'expliquer *pourquoi*. Car enfin, il faut bien le dire, si ces créatures existent comme vous semblez en être persuadés, que sont-elles, au juste? Des singes évolués se cachant dans les glaces? Des ours? Voire des spécimens d'hommes-singes inconnus à ce jour des zoologues et anthropologues? De ces trois éventualités, aucune ne me paraît suffisante pour justifier les mesures exceptionnelles prises en grand secret par les gouvernements intéressés.

Le professeur Orlando ouvrit sa main droite au-dessus de la table et présenta, sur sa paume, une touffe de longs poils rouges :

– J'ignore évidemment les desseins occultes des autorités, mais je puis vous montrer ceci...

Tous se penchèrent curieusement, fixant avec une sensation désagréable ces poils longs de cinq à six centimètres en partie maculés de cambouis.

– Cette touffe de poils adhérait à l'axe cassé de la poignée du Puma.

– Vous voulez dire que ces poils appartiennent... appartenaient à...

– Oui, coupa-t-il sans laisser au météorologiste le temps d'achever. Ces poils sont ceux de la créature qui arracha brutalement la poignée de la portière de l'hélicoptère.

Ses auditeurs roulaient des yeux effarés cependant que Nicolas Bentos s'écriait :

– Mais, ce... cette créature n'a matériellement pas pu *arracher* la poignée! Vous rendez-vous compte que l'axe en acier était cassé après avoir subi un mouvement de torsion? Quelle force prodigieuse un être vivant aurait-il dû déployer pour tordre et pour rompre cette tige de section carrée?

– Une force nettement supérieure à celle d'un gorille, observa Claude Palmer.

– Les Indiens parlent d'un être dont la taille dépasserait deux mètres cinquante, avança Orlando.

– Les indigènes de l'Himalaya soutiennent que les Yétis peuvent atteindre trois mètres cinquante à quatre mètres de haut! renchérit la jeune femme. Des empreintes de quarante centimètres de long ont été découvertes dans la neige par des sherpas, mais seules des empreintes de trente centimètres purent être photographiées [1]. Consi-

1. Authentique.

dérant que ces empreintes étaient celles de pieds *nus* et non de bottes ou chaussures, l'on peut en inférer que ces créatures des neiges atteignent une taille impressionnante.

« Une taille analogue à celle du Sinanthrope ou « Homme de Pékin », dont voici l'histoire. Peu avant la guerre de 1939-1945, le célèbre savant hollandais von Koenigswald, professeur de l'Université d'Utrecht, acheta chez un apothicaire chinois de Hong Kong trois dents gigantesques qu'il attribua d'abord à un anthropoïde. Peu après, il devait exhumer à Java trois débris fossiles ayant appartenu à la mâchoire d'un être colossal. En 1941, nouvelle trouvaille : von Koenigswald découvrit une mâchoire dont les dimensions le laissèrent stupéfait. Il examina ses découvertes avec le professeur Weidenreich de New York et établit formellement que cette mâchoire était trois fois plus grande que celle d'un homme normal. Les dents trouvées à Hong Kong étaient par ailleurs d'origine incontestablement humaine. Il s'agissait de dents de sagesse *six fois plus grosses* que celles d'un homme normal, leur volume était égal à celui d'un œuf de pigeon [1].

« Le propriétaire de ces dents monstrueuses fut baptisé *Gigantopithécus* ou Géant du Kiang-Si qui vivait il y a 550 000 ans ! D'après le professeur Franz Weidenreich, ce colosse mesurait environ

1. Authentique.

quatre mètres cinquante et pesait près d'une demi-tonne!

« Même si ces estimations sont sujettes à caution – le professeur allemand Weinert ramène ces chiffres à deux mètres cinquante et à trois cents kilos – nous devons reconnaître qu'à une époque reculée existaient sur la Terre des hominiens géants. Depuis cent cinquante ans, les géants ont été relégués au rang des contes de fées et des légendes. Toutefois, il est permis de se demander si une branche de ces créatures n'aurait pas survécu en des contrées isolées, sur les hautes montagnes couvertes de neige et de glace, ici et dans l'Himalaya?

Les lèvres du professeur Bentos dessinèrent une moue dubitative :

– Soit, il existe peut-être encore des créatures préhistoriques... vaguement humaines et de grande taille. J'aurais d'ailleurs mauvaise grâce à nier l'existence des longs poils que nous avons tous sous les yeux en ce moment. Mais – et j'en reviens à ma première idée – pourquoi diantre les autorités entoureraient-elles d'un tel secret la recherche de ces oiseaux rares? Il ne s'agit pas d'une compétition entre mercantis avides de capturer les premiers un Abominable Homme des Neiges afin de le montrer dans les foires! Alors, puisque vous n'êtes pas à la solde d'un cirque ou d'un amuseur public, pourquoi votre mission est-elle aussi soigneusement cachée?

– Nous faisons involontairement fausse route,

admit Orlando. Notre raisonnement pêche par manque d'éléments indispensables pour compléter le puzzle. Tant que ces éléments – connus des autorités – nous feront défaut, nous serons incapables de brosser un tableau d'ensemble correct.

Il consulta son chronographe-bracelet et ajouta :

– Voilà plus d'une heure que nous avons laissé à l'écart les pilotes. Ils peuvent revenir d'un moment à l'autre et exiger des explications. Or, ils doivent continuer d'ignorer les raisons véritables de la présence ici de notre mission anthropologique. Nous devons avant tout leur faire promettre de ne pas souffler mot à la presse de l'incident... ou « l'accident » survenu à la poignée de...

Un cri terrifiant lancé sur un mode aigu et descendant vers un registre grave les fit sursauter.

– Les *Ukumar Zupai!* s'exclama Orlando en courant vers les patères, imité par ses compagnons, pour enfiler prestement sa combinaison polaire.

En moins d'une minute ils furent dans leurs lourds vêtements, et s'élancèrent au-dehors. Des hurlements déchirants, humains cette fois, des appels au secours retentirent dans la tourmente, tantôt proches tantôt éloignés au gré de la bourrasque. Puis des gémissements succédèrent aux appels, à peine audibles. Les plaintes s'éteignirent et seul le mugissement du blizzard régna en maître sur le plateau noyé de tourbillons blancs fantomatiques.

Courant maladroitement, s'enfonçant jusqu'aux genoux dans la neige qui tombait sans cesse, ils se guidèrent au jugé et distinguèrent bientôt la masse enneigée du premier hélicoptère.

– Bunuelo! Dominguez! appela le professeur Orlando en contournant l'appareil avec ses compagnons pour atteindre la portière endommagée.

Les premiers s'arrêtèrent, figés d'horreur, et furent bousculés par ceux qui accouraient derrière eux. Claude Palmer étouffa un cri et s'appuya sur la carlingue du Puma, luttant pour ne pas chanceler.

Dans la neige éclaboussée de sang, devant la portière et proche d'un caisson à outils renversé, gisaient les corps ensanglantés des deux pilotes argentins!

– Seigneur! exhala Nicolas Bentos d'une voix rauque. Quelle boucherie!

Surmontant la nausée qui étreignait sa gorge, Claude Palmer se pencha sur un pilote. Elle allait s'agenouiller, se rejeta vivement en arrière, horrifiée. Une bourrasque avait fait voltiger la neige qui recouvrait une partie du cadavre et sa jambe était apparue, séparée du corps duquel elle avait été *arrachée!*

L'autre aviateur gisait, recroquevillé sur lui-même. Lorsque le professeur Bentos et le météorologiste Sarmiento voulurent le soulever, sa tête roula sur la neige et s'arrêta dans un creux, un mètre plus loin. Dominguez avait été décapité! Son crâne n'était plus qu'un amas de chair et d'os broyés maculés de sang.

Les flocons tombant en tourbillonnant s'accumulaient peu à peu sur les cadavres, les recouvrant insensiblement d'un linceul immaculé.

Les témoins de cet atroce spectacle demeuraient immobiles, hébétés, oubliant même de piétiner pour tromper l'engourdissement. Le professeur Bentos fut le premier à réagir :

– Nous ne pouvons pas nous lancer à la poursuite de ces créatures sanguinaires dans cette tempête sans risquer de nous perdre... ou de tomber nous aussi sous leurs coups. Si demain la neige a cessé, nous partirons à leur recherche pour venger ces malheureux.

– Notre but, professeur, n'est pas d'abattre ces créatures mais de les capturer, corrigea timidement l'anthropologue argentin. A moins d'être directement attaqués, nous ne devrons pas les tuer. Les gaz suffiront d'ailleurs certainement à les mettre hors combat.

– Vos Colt lanceraient-ils également des balles à gaz? gronda Bentos en serrant les mâchoires. Si les autorités qui vous envoyèrent ici vous ont dotés de Colt .45, c'est bien qu'elles ont envisagé l'éventualité d'une attaque où l'emploi de ces armes serait nécessaire. Je m'abstiendrai d'entraver vos recherches, Orlando, mais s'il m'est donné d'apercevoir le premier un *Ukumar Zupai*, soyez assuré que je ne le raterai pas!

– Vous agirez ainsi contre les buts poursuivis par les autorités, reprocha Claude Palmer. D'ailleurs, je me suis laissé dire que les équipes de géophysiciens, sauf exception très rare, n'étaient pas armées.

– C'est exact, mademoiselle Palmer. Mais ces pilotes militaires devaient bien avoir une arme à bord de leurs appareils. Ce double meurtre m'autorise à m'en emparer. Vous, Sarmiento, fouillez l'autre Puma, je m'occupe de celui-ci...

Joignant le geste à la parole, il ouvrit la portière que les aviateurs avaient eu le temps de réparer avant de périr écartelés et décapités par les véritablement « abominables » créatures des neiges.

Il revint quelques minutes après, brandissant dans sa main un Mauser 9 mm qu'il enfouit ostensiblement dans l'une des poches de sa combinaison brune. Enrico Sarmiento le rejoignit, armé lui aussi d'un Mauser qu'il tendit à son chef de mission.

– Gardez ce pistolet, Sarmiento, refusa-t-il. Je vous sais amateur de tir; vous aurez sûrement ici l'occasion de vous exercer à ce sport!

– Nous ne sommes que des techniciens, marmonna amèrement le professeur Laker, et je me demande, pour Orlando et vous, mademoiselle Palmer, si votre travail ne serait pas mieux exécuté par un commando militaire!

Tiraillé par son devoir et anxieux devant la

sombre tournure des événements, l'Argentin fit cette promesse :

– Je réclamerai tout à l'heure des instructions par radio. Ce premier contact avec les *Ukumar Zupai* n'est évidemment pas celui que j'escomptais. Ces pauvres jeunes gens n'ont certainement pas provoqué ces créatures et, pourtant, voilà ce qu'ils ont subi...

« Mademoiselle Palmer, mes confrères au courant de l'existence des Abominables Hommes des Neiges et moi-même étions persuadés que ces êtres mystérieux étaient craintifs et paisibles. Les récits des indigènes n'ont jamais fait état de massacres pouvant leur être attribués.

– J'espère que ce carnage vous convaincra du contraire, Orlando. Les *Ukumar Zupai*, singes ou humains préhistoriques, sont bestiaux, sauvages et doués d'une force herculéenne, comme vous pouvez en juger. Ces deux hommes ont eu, l'un la tête décollée et broyée, l'autre la jambe droite arrachée! Il n'y a pas trace d'instrument contondant ou tranchant. Ces monstres n'ont utilisé que leurs propres mains... ou leurs griffes, peut-être, s'ils en ont... Nous vérifierons cela en examinant les cadavres.

Il demanda des volontaires et, s'attelant lui-même à la tâche macabre, aida à transporter les restes des infortunés aviateurs. Dans un entrepôt voisin du baraquement principal, le docteur José Alvarez procéda à l'examen des cadavres que l'on avait dévêtus. En diverses parties du corps, les victimes portaient des ecchymoses avec hématomes. Bunuelo avait reçu dans le dos un coup d'une violence inouïe.

Bouleversé, le médecin expliqua :

– Vous l'avez remarqué, les vêtements de cet homme ne portaient aucune déchirure dorsale; je suis donc à peu près certain que ce choc ne provenait pas d'un objet tel que pierre ou massue par exemple, mais bien d'un poing! D'un poing énorme, capable en dépit de l'épaisseur des vêtements polaires du pilote de faire *éclater* ses lombaires, de disloquer ses vertèbres et de briser trois côtes gauches et deux côtes droites! Nous ne relevons cependant aucune marque de griffe. Ces créatures possèdent très probablement des mains – taille exceptée – sur le modèle des nôtres. Mais, singes ou hommes, elles sont excessivement dangereuses.

– Je vais être obligé de demander aux autorités d'assurer la protection de nos équipes pendant la durée des recherches, annonça le professeur Bentos. Buenos Aires nous enverra sans doute un commando parachutiste.

– Accordez-nous le temps de monter notre propre émetteur-récepteur spécial, pria l'anthropologue. Nous recevrons aussitôt des instructions et peut-être même une protection immédiate sans avoir à passer par l'état-major de Buenos Aires. Nous ignorons l'identité de ceux avec qui nous communiquerons, mais nous les savons dotés de pouvoirs très étendus. N'agissent-ils pas, couverts par les plus hautes autorités gouvernementales, sans avoir besoin d'en référer aux principaux services travaillant au grand jour?

Le professeur Bentos réfléchit, consulta sa montre et agréa :

– Je vous accorde jusqu'à ce soir, 18 heures pour monter votre installation émettrice. Est-ce suffisant?

– Amplement suffisant, professeur. Nous allons commencer tout de suite...

CHAPITRE IV

Tandis que les équipes géophysiques américano-argentines s'affairaient au déballage de leur important matériel, à 300 mètres de là, le professeur Orlando et Claude Palmer achevaient d'ériger l'antenne télescopique de leur émetteur-récepteur. Même avec l'aide de leurs compagnons – le zoologue Da Selva, l'ethnographe Ortego et le linguiste Ortiz – l'opération se révélait délicate. Il était indispensable de déblayer la neige aux endroits où allaient être enfoncés les pitons devant recevoir les câbles de maintien du mât télescopique.

La violence du vent, par deux fois, avait déjà jeté à bas le travail accompli. A la troisième tentative, profitant d'une accalmie relative, les quatre hommes et la jeune fille s'enfonçant dans la neige parvinrent à dresser l'antenne dont les câbles stabilisateurs purent être tendus correctement.

Apparemment insensible au froid, Toby – un

authentique *chow chow*, très jeune, emmené par le professeur Orlando qui en avait fait la mascotte du camp – gambadait joyeusement dans la neige. Le museau noir, les yeux très brillants, l'épaisse fourrure fauve et la queue touffue enroulée sur le dos, il folâtrait en lançant de petits jappements rauques et brefs.

Le thermomètre accusait 27 degrés au-dessous de zéro, néanmoins, les efforts soutenus par les techniciens improvisés durant l'érection de l'antenne avait couvert leur corps de sueur. Frissonnant maintenant sous la bise glacée, Orlando et Claude Palmer se hâtèrent, courbés en avant, vers le baraquement principal en souhaitant que les éléments déchaînés ne viennent pas réduire à néant leur pénible travail. Dans la pièce basse où Toby les avait suivis en s'ébrouant, la chaleur dégagée par le poêle à mazout leur fit monter les larmes aux yeux. Avec une intense satisfaction, ils se débarrassèrent de leur surtout en interrompant les circuits électriques chauffants alimentés par une pile logée dans une poche ventrale.

Le chef de la mission anthropologique tira à lui un tabouret pliant et s'installa devant le coffre métallique grisâtre de l'émetteur-récepteur à ondes centimétriques. L'appareil, posé sur une caisse vide, se dressait contre le mur du baraquement, à l'opposé du poêle qui ronronnait sans interruption. Claude Palmer s'assit près du savant et suivit les mouvements de ses mains manipulant avec dextérité les commandes de l'émetteur dont la lampe témoin venait de s'éclairer. Le haut-parleur crachota avant de lancer un sifflement modulé sur trois notes. Après un bref silence, l'indicatif musical résonna de nouveau. Lorsqu'il s'arrêta, le professeur Orlando se pencha vers le micro :

– Lola appelle Diego... Lola appelle Diego...

– Diego à Lola, répondit dans le haut-parleur une voix anonyme. Appel capté; parlez, Lola.

Après avoir sacrifié à ce rite conventionnel – assez ridicule mais répondant aux exigences d'un code – le professeur exposa minutieusement à son correspondant inconnu les péripéties tragiques ayant marqué l'arrivée de la dernière équipe sur le plateau de la Puna de Atacama – nommé *Point U* dans le jargon conventionnel. Toutes les 2 secondes, une lampe verte encastrée dans le tableau de commandes lançait un bref éclat, indiquant que le changement automatique de fréquence s'opérait normalement. Cette particularité de l'appareil n'avait pas été sans surprendre Orlando et Claude Palmer lorsqu'elle leur avait été révélée.

L'émetteur très spécial était évidemment destiné à dérouter un indiscret éventuellement à l'écoute. Pareille méthode relevait d'un service du contre-espionnage!

Or, que pouvait venir faire le contre-espionnage dans une affaire aussi peu belliciste qu'une expédition scientifique ayant pour but de rechercher et capturer un *Ukumar Zupai?* De quel pays se méfiait-on? Que redoutait ce mystérieux organisme supra-national – simplement connu sous le nom de Diego – qui, dans l'ombre, tirait les ficelles des missions anthropologiques? En supposant qu'un agent étranger ait pu capter ces messages – hypothèse hautement improbable à cause du changement de fréquence automatique – quel avantage en aurait-il tiré? Les Abominables Hommes des Neiges ne présentaient qu'un intérêt strictement scientifique sur le plan de l'anthropologie et de la paléontologie – humaine ou animale. Dans ce cas, qui pouvait chercher, et dans quel but, à en savoir davantage sur ces créatures?

Ces pensées affluaient à l'esprit de Claude Palmer pendant que le chef de mission relatait au micro les heures terribles qu'ils venaient de vivre.

– Nos amis et voisins, poursuivit l'anthropologue pour désigner anonymement les géophysiciens, sont prêts à demander protection à l'armée. Cela ne compromettrait-il pas nos projets?

– Vous devez obtenir de vos voisins un délai de passivité de quelques jours. D'ici là, des instructions vous seront apportées par « celui que vous attendez »... Bertha est-elle près de vous en ce moment?

– Oui, confirma le savant en cédant sa place à Claude Palmer alias Bertha.

– Bertha à Diego, annonça-t-elle.

– Diego à Bertha, répondit la voix. Lors des événements dont vous avez été témoins, n'avez-vous observé aucun changement de nature mnémonique dans votre conscient?

– Aucun changement...

– Merci, Bertha. « Celui que vous attendez » sera à vos côtés pour noter éventuellement les changements espérés. Il arrivera la veille de votre anniversaire à l'heure du thé. N'oubliez pas de faire chauffer les gaufres. Nous restons à l'écoute en permanence pour capter vos appels. Terminé.

– Lola à Diego, reprit le professeur Orlando. Message compris. Terminé.

Il coupa le contact et se tourna vers sa collègue avec un faible sourire.

– Quelle est votre date d'anniversaire, Palmer?

– Le 17 mai, c'est-à-dire après-demain. Le psychanalyste Richardson arrivera donc demain vers 5 heures, puisque, selon notre code, les heures fixées verbalement doivent s'entendre avec un décalage soustractif de douze heures. Ce n'est donc pas à l'heure du thé – ou 17 heures – mais bien à 5 heures du matin, que nous devrons l'attendre.

– L'ordre de « faire chauffer les gaufres » confirme en outre cette indication, puisque, par cette consigne anodine, « Diego » entend d'allumer les balises à infrarouges. Invisibles à l'œil nu, elle seront parfaitement décelables grâce aux instruments de repérage dont sera pourvu l'hélicoptère transportant « celui que nous attendons ».

Il fit une pause et, rembruni, observa :

– Tout bien réfléchi, mademoiselle Palmer et

considérant le sort funeste des deux aviateurs, je commence à me demander ni notre entreprise n'est pas au-dessus de nos forces? Nous sommes cinq dans notre équipe et si nous comptons les douze membres des missions géophysiques, cela porte à dix-sept le nombre des personnes exposées au danger des *Ukumar Zupai.* Or, nous seuls, ici, sommes armés...

– Le professeur Bentos et le météo Enrico Sarmiento ont récupéré les pistolets des pilotes, objecta-t-elle.

– Soit, sur dix-sept, nous sommes seulement sept à être armés. A votre avis, cela vous semble-t-il suffisant?

– Il n'est pas dit que nous allons être attaqués.

– Je sais, docteur Palmer... Mais, en définitive, de nous tous, vous serez la plus exposée puisque aussi bien vous allez en quelque sorte jouer le rôle... *d'appât,* disons le mot. Si les autorités occultes – ce mystérieux organisme « Diego » – vous ont désignée par le canal du British Museum pour participer à notre mission, c'est qu'elles avaient pour le faire d'excellentes raisons que ni vous ni nous ne pouvons même soupçonner.

Elle hocha lentement la tête, soucieuse, préoccupée.

– Je dois, avoir... *j'ai* certainement en moi des souvenirs, des images inexplicablement refoulées concernant mon séjour involontaire chez les Yétis de l'Himalaya. Et Diego, tout à l'heure, en faisant allusion à un éventuel « changement de nature mnémonique dans mon conscient » parut désappointé par ma réponse négative... Cela se sentait à la façon dont il articula simplement « merci » avant d'enchaîner...

Tout en parlant, la jeune anthropologue croisait et décroisait nerveusement ses doigts. Son visage trahissait une tension intérieure douloureuse qui éclata dans ses paroles :

– Je souhaite parfois savoir, me souvenir de ce qui s'est passé. Je souhaite qu'un événement se produise qui déclenchera en moi le mécanisme du souvenir..., mais j'appréhende aussi cet instant. J'ai peur, peur de savoir, peur d'apprendre une chose exécrable dont la révélation même pourrait ébranler mon esprit.

– Je vous comprends, docteur Palmer, murmura le savant argentin. Cependant, même si cet événement se produit, si la mémoire vous revient, que pouvez-vous redouter qui puisse porter atteinte à votre santé mentale?

– Si j'avais seulement un indice sur la nature causale de cette appréhension, peut-être pourrais-je alors me raisonner, opposer une résistance consciente et calculée à la... névrose que je redoute. Mais dans l'ignorance où je me trouve, dans la hantise de voir se déchirer subitement en moi le voile masquant une chose... innommable, je reste vulnérable, incapable d'élaborer une autodéfense efficace.

– Gardez confiance. Richardson sera pour

vous un précieux allié. Il saura très certainement vous mettre en garde contre ce que vous redoutez et ne pouvez définir.

– Définir?

Elle eut un sourire désabusé puis haussa les épaules.

– Sans doute vous paraîtrai-je *déjà* un peu détraquée, professeur, mais je ne saurais mieux définir cette appréhension que par la sensation, vague et fugitive, d'une... *présence.*

– Une... *présence?* tiqua le savant avec une mimique alarmée.

– Oui, quelque chose qui parfois ferait écran à mes souvenirs et, d'autres fois, semblerait *ralentir mon processus de pensées* sans qu'il y ait pour autant interférence ou difficulté d'élaboration. Je continue normalement de penser, de réfléchir, mais... comment dirai-je, plus *lentement.*

« Or, détail curieux, ce n'est pas sur le moment que je réalise la naissance du phénomène, mais après coup, dans un temps variant entre cinq à dix minutes après l'élaboration et le cheminement de mes pensées sur un thème ou un sujet déterminé.

– Avez-vous fait part de ces idées à Richardson?

– Tout d'abord, professeur, je tiens à rectifier : ce ne sont point là des « idées », mais bien une *constatation.* Naturellement, j'ai conté tout cela à Richardson et aux spécialistes qui, avant lui, me soumirent à une longue série de narco-analyses.

J'ignore les conclusions qu'ils ont pu en tirer.

– A quel moment le phénomène se produit-il? Je veux dire, sur quel sujet de réflexion prenez-vous conscience du ralentissement de vos pensées?

– Principalement après avoir médité un problème scientifique complexe ou après avoir abordé une question particulièrement ardue nécessitant précisément une vive tension d'esprit.

Le professeur demeura longtemps silencieux, caressant machinalement l'échine du jeune chien puis il soupira :

– Je ne vois pas d'explication plausible... De toute manière, cela nous mène apparemment bien loin des Abominables Hommes des Neiges.

Ortiz, Da Selva et Ortego, revenant du dehors, entrèrent dans la salle douillettement chauffée où leur chef et la jeune fille conversaient près du feu.

– Brr! grelotta l'ethnographe Ortego en extirpant son corps de la combinaison chauffante qu'il accrocha à une patère murale. Le vent augmente de vitesse mais la neige a l'air de vouloir cesser. Elle tombe déjà moins drue qu'au début de l'après-midi. Sarmiento a peut-être raison; demain nous aurons beau temps.

– Oui, renchérit Ortiz, le spécialiste en sémantique. Si l'amélioration se poursuit, nous pourrons bientôt visiter le quartier!

L'on frappa deux coups très fort contre la porte

extérieure de l'étroit tunnel accédant à la pièce principale et une voix cria :

– Professeur Bentos! Docteur Brown!

Surpris par ces appels, le chef de la mission ouvrit la porte intérieure et lança un retentissant « entrez ». Le professeur Howard Laker et Enrico Sarmiento, débouchant d'un court tunnel d'isolement, pénétrèrent dans la pièce qu'ils parcoururent du regard avec étonnement après avoir salué ses occupants. Ce fut le météorologiste – le pistolet Mauser passé dans la ceinture de sa combinaison brune – qui prit la parole :

– Ne voyant pas revenir Brown ni le professeur Bentos qui devaient nous apporter votre réponse, nous...

– Brown? Bentos? s'informa Orlando, sans comprendre. Mais ils ne sont pas encore venus...

– Ils... ils ne sont *pas encore venus?* explosa le géophysicien. Mais c'est impossible! Il est 19 heures et les voilà partis déjà depuis une heure. Nous pensions, en ne les voyant pas ici quand nous sommes entrés qu'ils se trouvaient dans l'un de vos autres baraquements...

– Pas du tout, professeur Laker. Nous ne les avons pas revus depuis le repas pris à votre camp... situé à trois cents mètres du nôtre.

– Merde! grommela Sarmiento. Ils n'ont pourtant pas pu s'égarer sur une aussi courte distance. D'ailleurs, la chute de neige a nettement diminué et, en dépit du blizzard qui souffle encore, la visibilité est sensiblement meilleure. En outre, la nuit est encore loin!

Prestement revêtus de leurs combinaisons polaires, munis chacun d'un Colt dans sa gaine, ils sortirent en compagnie des visiteurs. Dehors, flagellés par un vent glacial qui balayait la neige en tourbillons plus rares déjà, ils appelèrent, les mains en porte-voix, mais ni le professeur Bentos ni le géophysicien Laimon Brown ne leur répondirent. Par acquit de conscience, mais sans plus de succès, ils fouillèrent les deux autres baraquements. En outre, le sol recouvert d'une épaisse couche de neige ne recelait aucune empreinte.

– D'ailleurs, remarqua Orlando, même s'ils ont marché jusqu'ici, leurs traces ont été comblées par les flocons ou par la neige charriée par le vent.

– Ils ont donc *disparu* entre nos deux camps! murmura Claude Palmer, atterrée par cette constatation à peine croyable. N'y aurait-il pas eu une faille, une crevasse, dans laquelle ils auraient pu tomber?

Le météorologue la détrompa :

– Lors de notre arrivée, nous avons inspecté ce plateau pouce par pouce et n'y avons décelé aucune crevasse ou accident géologique analogue. Cette hypothèse doit donc être écartée.

– Bentos et Brown, compléta le professeur Howard Laker, n'ont pas davantage pris une autre direction. J'étais dehors lorsqu'ils sont partis pour venir ici et, avant de rentrer, je les ai bien vus se diriger vers votre camp...

– Qu'ils n'ont jamais atteint, souligna la jeune Anglaise avec un petit pincement au cœur. Cette double disparition est inimaginable!

– Elle n'a pourtant rien d'imaginaire, hélas! pesta le météorologiste.

– Tenez, professeur Laker, offrit Orlando en lui tendant son Colt. Précédez-nous à votre camp et soyez prêts à sortir avec des torches et des projecteurs. Munis de nos fusils télescopiques à gaz, nous vous rejoindrons dans un instant et, ensemble, nous commencerons à fouiller le plateau et ses environs immédiats avant la tombée du jour.

Quelques minutes plus tard, escortés de Toby qui gambadait dans la neige, Orlando et son équipe rejoignirent les géophysiciens discutant avec animation devant leur baraquement principal. Ne gardant avec eux que leurs fusils à gaz, les anthropologues confièrent leurs Colt aux géophysiciens et, après avoir rapidement établi un plan de recherches, ils se séparèrent en quatre groupes dotés chacun d'un pistolet lance-fusées. Cette précaution leur permettait de se regrouper sans tâtonnements si l'un des groupes découvrait les disparus.

Rayonnant à partir du camp des géophysiciens, les quatre groupes s'éloignèrent, prenant chacun une direction différente devant les amener aux limites du plateau. La neige ne tombait plus qu'à petits flocons et la visibilité s'améliorait relativement, compte tenu de l'heure déjà avancée. En revanche, le froid devenait plus rigoureux et la couche de neige durcissait progressivement. Au bout d'une demi-heure, le groupe du professeur Orlando comprenant Claude Palmer, Howard Laker et Ortiz atteignit le bord nord de la Puna de Atacama. Un à-pic de 1 300 mètres s'ouvrait au ras de l'entablement. La falaise glacée, quasi verticale, était inaccessible.

Une détonation ouatée les fit sursauter et ils se retournèrent pour chercher dans le ciel l'éclat de la fusée qui venait d'exploser. Au sud, dans la grisaille des derniers nuages chassés par le vent, une corolle verte s'épanouit, prêtant au plateau désolé l'aspect d'un lugubre paysage aux tons cadavériques, d'un paysage hors du monde que les baraquements et l'antenne d'émission, à l'est, ne parvenaient pas à rendre familier.

– Une fusée verte! s'exclama Orlando. C'est le groupe d'Enrico Sarmiento qui les a retrouvés!

– En quel état? murmura comme pour elle-même l'anthropologue anglaise en proie à une inquiétude croissante.

A grandes enjambées, sans toutefois courir pour éviter et la terrible « brûlure du froid » dans les poumons et le rapide essoufflement à cette altitude, ils marchèrent en ligne droite vers le sud. En cours de route, ils furent rejoints par l'équipe du physicien Luis Dorrego qui, effectuant des recherches à l'ouest, venait également de répondre au signal. Ils parvinrent enfin à la limite méridionale du plateau où s'amorçait une pente inclinée à 30 degrés menant à un pic formidable perdu dans la grisaille du ciel maintenant assombri. Au loin, une torche électrique lança trois éclats brefs pour indiquer aux autres la direction à prendre. Les deux équipes s'engagèrent prudemment sur la pente enneigée, tâtant précautionneusement la couche blanche afin de s'assurer une prise avant de progresser pied à pied. Ils reconnurent bientôt le docteur José Alvarez. Harcelé de questions, celui-ci les invita laconiquement à le suivre.

Après avoir contourné une importante masse rocheuse, ils débouchèrent sur une pente moins inclinée où les attendaient les deux autres équipes. Protégé du vent par l'éperon rocheux saillant au flanc de la montagne, le sol, à cet endroit, recelait une double série de traces.

– Vous ne les avez donc pas retrouvés? chuinta Claude Palmer entre ses lèvres bleuies par le froid.

Sarmiento secoua la tête et dit sombrement en désignant le sol :

– Voilà seulement ce que nous avons trouvé...

Dans la neige, très distinctement, apparaissaient une double piste d'empreintes énormes, empreintes de pieds nus longs de 40 centimètres environ, avec un creux plus prononcé à l'emplacement du gros orteil.

– Les *Ukumar Zupai*! bredouilla-t-elle, livide.

– Ils étaient deux, comme l'indiquent ces pas

très écartés et donnant une idée du gigantisme de ces créatures, ajouta Enrico Sarmiento. Ces empreintes de pas *s'éloignant* du plateau, je me demande pourquoi nous n'apercevons pas leurs traces à l'aller?

– A... à *l'aller,* vous croyez donc que ces êtres ont *enlevé* nos amis?

Ce disant, Orlando ne put s'empêcher de jeter un coup d'œil à sa jeune collègue. Tout comme lui, les autres se remémoraient le récit de l'étrange aventure vécue deux ans plus tôt par Claude Palmer au Népal. A cette évocation s'insinuait en eux un malaise indéfinissable.

Sous les regards inquiets de ses compagnons, elle détourna les yeux, ses grands yeux bleus qui brillaient singulièrement dans ce crépuscule glacé et qui, soudain, perdirent toute expression pour demeurer ternes.

– Suivons les traces, décréta le professeur Orlando, peut-être nous mèneront-elles jusqu'au gîte des Abominables Hommes des Neiges... où nos infortunés compagnons sont probablement en péril.

– *Ils ne courent aucun danger,* prononça sourdement Claude Palmer.

L'anthropologue s'arrêta pile et se retourna, interdit, pour dévisager l'Anglaise qui, à son tour, se mettait en marche.

– Comment pouvez-vous en être aussi sûre?

Son regard subitement redevenu normal, elle afficha une vive surprise.

– Sûre? Sûre de quoi, professeur?

– Que Brown et Bentos ne courent aucun danger? compléta-t-il.

Elle cilla, ébahie, considéra les autres spécialistes et ramena ses yeux sur lui.

– Qu'est-ce qui peut vous laisser croire que j'ai cette certitude?

– Ah! ça! grommela Orlando en prenant les autres à témoin, avez-vous oui ou non entendu Palmer affirmer que nos camarades disparus ne couraient aucun danger... ou bien suis-je le seul à avoir « cru » l'entendre?

La réponse affirmative fut unanime, mais tous éprouvèrent une gêne de devoir l'avouer devant la déconcertante attitude de la jeune fille.

– Mais je n'ai rien dit de semblable! se défendit-elle.

– Vous... ne vous souvenez vraiment pas de l'avoir dit? insista doucement le chef de la mission anthropologique.

Ses joues pâles se colorèrent brusquement et elle se passa une main tremblante sur le front.

– Non... je n'ai aucune souvenance d'avoir dit cela... Je sens peu à peu mon esprit sortir d'une sorte d'engourdissement bizarre, ou plutôt, j'ai l'impression que, tout à l'heure et non pas maintenant, mon esprit baignait dans un état de torpeur ou d'inconscience.

Le docteur José Alvarez, la main droite nue, vint lui tâter le pouls.

– Excusez-moi, mademoiselle Palmer, fit-il au

bout d'une minute. Je craignais pour vous un refroidissement, un état fiévreux, mais vous me paraissez en excellente santé. Je ne comprends pas...

– La nuit est presque venue, intervint Orlando pour faire diversion et écourter la confusion de sa jeune collègue.

– Ne restons pas ici, abonda Sarmiento. Ces traces s'arrêtent à trois cents mètres de là, au bord d'une crevasse large de sept mètres à cet endroit *et ne reprennent pas de l'autre côté.* Les *Ukumar Zupai* n'ont donc pas franchi la crevasse et n'ont pas pu, matériellement, descendre ses parois verticales et sans prise aucune. A moins de leur attribuer des ailes, leur disparition demeure inexplicable.

– Nous reviendrons demain fouiller cette crevasse et des indices nous seront alors peut-être révélés...

Le retour s'effectua en silence, chacun s'interrogeant sur cette double disparition et sur l'étrange comportement de Claude Palmer. Quel but poursuivait-elle en affirmant ainsi ne plus se souvenir des mots qu'elle avait prononcés?

Avant de se séparer, devant le camp des géophysiciens, le professeur Howard Laker déclara :

– Dès demain, professeur Orlando, nous relierons votre base à la nôtre par un téléphone de campagne. Il importe de conserver un contact permanent entre nous et ce sans qu'il nous soit besoin de sortir de nos baraquements...

***

A 4 heures, la sonnerie stridente d'un réveil tira du sommeil le professeur Orlando et ses trois compagnons profondément endormis sur des lits de camp. Dans la petite pièce voisine, une autre sonnerie réveilla également l'anthropologue anglaise.

Trois quarts d'heure plus tard, les cinq membres de la mission se trouvèrent prêts à affronter le terrible froid de la Cordillère. Le fusil à gaz en bandoulière, une sorte de gros projecteur en main, ils sortirent en frissonnant dans la nuit. La neige avait totalement cessé de tomber et la température, plus rigoureuse encore que la veille, avait durci le tapis blanc qui crissait sous leurs bottes. Ils se séparèrent pour aller se poster en quatre endroits différents, formant sur le plateau un carré de 200 mètres de côté. A leurs pieds, ils avaient chacun déposé un projecteur à rayons infrarouges.

– J'ai l'impression, avait dit le professeur Orlando, que ce plan d'atterrissage clandestin, s'il était valable à son origine, ne l'est plus maintenant. En effet, à quoi bon toutes ces précautions – l'approche de l'hélicoptère tous feux éteints, le balisage du terrain à l'infrarouge de préférence aux projecteurs classiques – si nous savons formellement les *Ukumar Zupai* au courant de notre présence?

Obéissant néanmoins aux règles établies, ils balisèrent le plateau selon les normes prévues. Alors que, nez en l'air et l'oreille tendue, ils cherchaient à déceler l'approche de l'hélicoptère, un magnifique météore d'un étrange vert pâle inscrivit son trait de feu dans le ciel. Les crêtes déchiquetées des Andes le dissimulèrent bientôt à leurs regards.

« Sans doute se sera-t-il entièrement consumé avant d'avoir atteint le sol, songea Claude Palmer, encore éblouie par l'insoutenable éclat de cette météorite au diamètre apparent étonnamment gros.

Peu de temps après, le mugissement sourd de pales réactives se fit entendre, se rapprochant rapidement. Dans le ciel sans nuages, déjà teinté du mauve de l'aurore, apparut la silhouette familière d'un Puma à pales réactives. Guidé par les projecteurs infrarouges, l'appareil modifia légèrement son cap, descendit, se balança mollement et vint en douceur se poser au milieu du plateau, à seulement 50 mètres des baraquements de la mission géophysique.

Avant que le mugissement des réacteurs ne se fût arrêté, un homme de haute stature engoncé dans une chaude combinaison bleu sombre à capuchon ourlé de fourrure sauta par l'écoutille à pieds joints dans la neige. Claude Palmer fut la première à le rejoindre et lui serra cordialement la main avant de le présenter à ses compagnons :

– Docteur Robert Richardson, psychanalyste de l'Institut Holmer de Washington.

Trois hommes, revêtus de combinaisons identiques, les rejoignirent pour être à leur tour présentés aux membres de la mission par le docteur Richardson.

– Jeff Anders, le pilote de cet appareil, expliqua-t-il, restera quelque temps parmi nous en compagnie de MM. Max Hall et Peter Wilcox, pilotes également, qui viennent remplacer les deux aviateurs argentins dont vous nous avez relaté la fin tragique. Le nécessaire a été fait auprès des autorités quant aux Pumas bloqués ici; nous les conserverons jusqu'à la fin de nos travaux si besoin est.

Le professeur Orlando chargea Ortego et Da Selva d'assister les pilotes dans le transbordement du matériel amené puis il invita le docteur Richardson, Ortiz et Claude Palmer à le suivre. Débarrassés de leurs vêtements polaires, ils purent, tout en buvant un café brûlant, s'entretenir à l'aise avec le nouvel arrivant. Ce dernier, âgé tout au plus de quarante ans, offrait une physionomie ouverte et sympathique. Un détail frappait d'emblée ses interlocuteurs : son regard. D'ordinaire très doux, il pouvait prendre parfois une extraordinaire acuité mais aussitôt après, un sourire plein de bonhomie venait faire oublier ce changement fugace.

Le professeur Orlando, son compatriote Ortez et Claude Palmer décrivirent en détail les tragédies successives survenues la veille. Avec l'assentiment complet de sa collègue, l'anthropologue lui rapporta ensuite l'étrange réflexion inconsciente qu'elle avait prononcée.

Attentif à leurs paroles, à leurs gestes et à leur attitude, le psychanalyste s'abstint de toute interruption. Pendant un long moment il demeura silencieux, semblant, les yeux baissés, attacher un grand intérêt à la chevalière en or qu'il faisait tourner autour de son doigt. Puis, levant subitement la tête, il lança à brûle-pourpoint ce terme baroque à la jeune fille :

– *Aongpaonahuk...*

– Danger! répondit-elle dans un sursaut en fixant le praticien avec des yeux dépourvus d'expression.

Orlando et le linguiste, Ortiz, furent sans réaction à cette scène incohérente. Stupéfaits, ils cherchaient à en saisir le sens mais, comprenant intuitivement l'inopportunité de poser des questions, ils observaient le silence. Au bout d'une minute, le masque de la jeune fille se modifia, son regard perdit de son atonie et elle battit des paupières, étonnée.

– Pourquoi me regardez-vous ainsi, docteur Richardson?

– *Aongpaonahuk,* répéta-t-il sans qu'un muscle de son visage trahît le moindre sentiment.

– Pardon? Excusez-moi, je n'ai pas compris ce...

– Vous ne pouvez *plus* comprendre ce mot, *maintenant,* exprima posément le psychanalyste. Pourtant, tout à l'heure – mais vous n'en aurez pas souvenance – vous avez immédiatement répondu *danger* après que je l'eus prononcé.

– Mais..., bredouilla-t-elle, comment ai-je pu? J'entends ce mot pour la première fois.

– En l'affirmant, vous êtes parfaitement de bonne foi, mademoiselle Palmer. C'est la première fois *que vous avez conscience de l'entendre.* Il n'en demeure pas moins que, voici cinq minutes, vous m'avez donné la traduction de ce mot : *aongpaonahuk* signifie donc *danger.*

– En quelle langue? s'enquit le sémantiste, redoublant d'intérêt à ce problème relevant de sa spécialité.

– Je ne saurais vous le dire, monsieur Ortiz. En tout cas, ce mot n'appartient *à aucune langue connue.* Ni le sanscrit védique, ni les langues ou idiomes puniques, runiques ou autres ne nous donnent un élément susceptible de le rattacher à l'un d'eux.

– Phonétiquement, avança Ortiz, cela ressemble un peu à certaines racines *malayo-polynésiennes*, mais cette ressemblance n'est que fortuite à cause de l'absence de diphtongues et de syllabes fermées dans ce mot *et* dans les langues polynésiennes. Les ouvrages et enregistrements sonores qui auraient pu me permettre d'établir un éventuel parallèle linguistique me font ici défaut...

– Nous avons tout essayé, monsieur Ortiz, pour rattacher ce mot à l'un des quelconques dialectes, idomes, patois, voire langages composites en usage chez tous les peuples de la Terre, mais en vain, Or, non seulement Mlle Palmer – *dans un certain état d'esprit* – a été capable de le traduire, mais elle a, voici deux ans, prononcé plusieurs autres mots aussi mystérieux et appartenant à cette même langue ignorée des plus éminents linguistes et spécialistes de la sémantique.

Prostrée, Claude Palmer souffrait de se savoir incapable – « dans un certain état d'esprit » selon Richardson – de contrôler ses paroles et son mécanisme mental.

– Car enfin, soliloquait-elle, si parfois je prononce des mots mystérieux, ma voix n'en est pas seule responsable! Mon cerveau est à la base de leur élaboration. Cela étant, mon cerveau pourrait-il « produire » des mots que je n'ai pas *pensés?* Par surcroît, aurais-je pu traduire de tels mots que mon esprit ignore?

Poursuivant son exposé, le psychanalyste enchaîna :

– Sous certaines conditions que l'on pourrait qualifier de psychomotrices, Mlle Palmer est apte à comprendre et traduire ces mots qu'elle prononça pour la première fois, voici deux ans, au Népal d'abord, au cours de nos séances psychanalytiques ensuite où ils furent alors enregistrés sur magnétophone.

Il fit une pause et, considérant tour à tour ses interlocuteurs, annonça :

– Je vais vous faire une révélation... strictement confidentielle. J'ose espérer qu'en aucune occasion vous ne la trahirez...

Ils s'empressèrent de le rassurer sur ce point cependant que la jeune fille, le regard de nouveau curieusement terne, se contentait d'émettre un simple murmure.

Le docteur Richardson hésita, s'humecta les lèvres et, aussi brusquement que la première fois, il articula ce mot tout aussi barbare que le précédent :

– *Rehiktluagoang...*

– *Maître!* répliqua spontanément la jeune femme en tressaillant.

Puis elle porta vivement ses mains à la tête et, dans une grimace de douleur muette, elle s'affaissa le buste en avant, renversant la tasse vide sur la table...

CHAPITRE V

Alarmés, le professeur Orlando et son compatriote transportèrent sur un lit de camp la jeune fille terrassée par une syncope inexplicable.

– Elle a perdu connaissance, mais son pouls et sa respiration n'ont subi aucune altération, constata le docteur Richardson, soucieux, après l'avoir examinée.

– S'il s'agit d'un simple évanouissement, pourquoi paraissez-vous inquiet?

Le psychanalyste plongea alternativement son regard dans les yeux du professeur et de son collaborateur et, subitement, prononça :

– *Glitraongl...*

Les deux hommes haussèrent les sourcils et le dévisagèrent, se demandant s'il jouissait vraiment de toutes ses facultés. Richardson les observait avec une attention soutenue, indécente même, qui leur procura une sensation de malaise.

– Pardonnez-moi, finit-il par dire à voix basse. Ce petit test est concluant... du moins, je l'espère.

Je prends peut-être de gros risques en agissant ainsi, mais je dois vous faire confiance... si nous voulons sauver cette malheureuse et les deux disparus lorsque nous les retrouverons.

D'une trousse médicale il sortit une ampoule contenant un liquide ambré puis une seringue hypodermique enveloppée dans un sachet stérilisé. Une minute plus tard, il injectait le contenu de l'ampoule dans le bras de Claude Palmer. Après quoi, il fouilla dans sa trousse et se livra alors à un manège insolite. Écartant la chevelure blonde de la jeune Anglaise, il enfonça dans chacune de ses oreilles une espèce de bouchon cylindro-conique en caoutchouc, obstruant ainsi ses conduits auditifs. Sur le pavillon des oreilles il appliqua ensuite une sorte de petit dôme en matière plastique bordé à sa base d'un bourrelet en caoutchouc mousse. Ces hémisphères étaient maintenus en place de chaque côté de la tête par un arceau en métal chromé. Ainsi affublée, Claude Palmer ressemblait un peu à une standardiste endormie avec un casque d'écoute! Tous ces préparatifs avaient déconcerté l'anthropologue et le linguiste.

– Pourquoi, docteur Richardson, avez-vous obstrué et recouvert ensuite les oreilles de Claude Palmer? En supposant que vous ayez l'intention de nous faire une confidence, quelle indiscrétion pouvez-vous redouter de cette jeune fille évanouie, donc vraisemblablement incapable de saisir nos paroles?

– Il y a beaucoup de choses, professeur, que vous et vos collègues devez encore ignorer... Non point – rassurez-vous – que « Diego » et moi-même craignions une indiscrétion de votre part mais parce que cette indiscrétion pourrait un jour vous échapper... *et ce à votre insu.* Moins vous en saurez sur cette affaire, mieux cela vaudra... Je serai évidemment réduit, un jour ou l'autre, à vous dire la vérité, *toute* la vérité. Mais à partir de ce moment-là, vous n'oserez plus fermer l'œil ! Pesez bien mes paroles et réfléchissez avant d'accepter la demande que voici : ignorant à peu près tout de l'énigme des *Ukumar Zupai* et de ses corollaires, sachant que je vous cache soigneusement la vérité, consentez-vous à exécuter *tous* mes ordres sans poser de questions?... Étant entendu que vous serez tôt ou tard éclairés.

– Voilà des conditions pour le moins... extraordinaires! dit l'anthropologue en réprimant justement son envie de poser des questions.

– C'est un fait, elles le sont. Réfléchissez...

Il jeta un coup d'œil à la jeune fille et, toujours à voix basse, précisa :

– Claude Palmer ne reprendra pas conscience avant une demi-heure. Désirez-vous discuter de mes propositions seul à seul avec M. Ortiz?

– Non, c'est inutile. Je vais simplement vous poser quelques questions... d'ordre général, auxquelles vous répondrez, si vous le voulez bien, uniquement par oui ou par non.

– Essayons toujours, accepta-t-il.

– Mlle Palmer est-elle en danger?

– Oui.

– Ce danger est-il inhérent à son seul malaise?

Richardson demeura impassiblement muet.

– Le sort de Mlle Palmer est-il lié à notre acceptation ou à notre refus de collaborer aveuglément avec vous?

– Oui.

– Tout à l'heure, vous avez déclaré nous faire confiance en ajoutant: « si nous voulons sauver Mlle Palmer et les deux disparus *lorsque nous les retrouverons* ». Vous *savez* donc que nous les retrouverons?

– Oui.

– Vivants?

– Oui.

Orlando échangea un regard perplexe avec son compagnon et enchaîna:

– Vous avez, devant nous, subitement prononcé un mot incompréhensible. Dans votre esprit, étions-nous censés devoir le comprendre?

– Pas nécessairement, consentit à préciser l'Américain, en allumant une M.S.

– Si nous l'avions *manifestement* compris, cela aurait-il signifié pour nous les mêmes dangers que ceux qu'encourt Mlle Palmer?

– Oui.

– Ce danger présente-t-il une menace individuelle ou... *collective?*

Le docteur Richardson manifesta des signes d'impatience.

– Cet interrogatoire ne vous mènera nulle part, professeur. Par ailleurs, chaque minute compte. Acceptez-vous ma proposition ou dois-je faire appel à deux hommes choisis parmi les géophysiciens?

– C'est bon, capitula-t-il. J'accepte. Et vous, Ortiz?

– Je suis d'accord.

– Je vous en sais gré, mes amis, soupira le psychanalyste visiblement soulagé. Maintenant, écoutez attentivement. Dans un quart d'heure, le Dr Palmer s'éveillera et retournera à la vie normale. En aucun cas ne soufflez mot de notre entretien. Cet après-midi, professeur Orlando, et les jours suivants, vous explorerez les Andes aux abords du plateau puis de plus en plus loin dans un rayon de trente *miles*. Pour les longues randonnées, vous utiliserez un hélicoptère. L'appareil vous déposera dans une région que nous aurons déterminée à l'avance. A chacune de vos explorations, vous seuls serez munis d'un Colt que vous dissimulerez soigneusement aux yeux de Claude Palmer et de vos deux autres collègues.

« J'insiste tout particulièrement sur ce point : Palmer doit *absolument* ignorer que vous serez armés. Elle, Da Silva et Ortego doivent pouvoir admettre qu'en procédant aux recherches sans armes, vous éviterez peut-être d'effaroucher les Abominables Hommes des Neiges qui se laisseront alors éventuellement approcher. Da Silva et Ortego tiqueront, probablement, mais Mlle Palmer ne fera *aucune difficulté.* »

– Avez-vous pensé aux risques d'une telle entreprise? Si les *Ukumar Zupai* foncent sur nous, comment nous en sortirons-nous avec seulement deux Colt?

Le docteur Richardson eut un sourire énigmatique.

– Tranquillisez-vous. Jeff Anders, Peter Wilcox, Max Hall et moi-même vous couvrirons à distance... Vous ne soupçonnerez même pas notre présence. Vous devrez cependant éviter de vous retourner, de chercher à nous découvrir *pour ne pas donner l'éveil à Mlle Palmer.*

– Grand Dieu! s'exclama Ortiz. Devrions-nous nous défier de cette jeune fille?

– Rappelez-vous nos conventions, Ortiz : pas de question de ce genre. Je le répète : moins vous en saurez sur cette étrange affaire, mieux cela vaudra pour la rapidité de son aboutissement.

Le psychanalyste se leva pour débarrasser Claude Palmer de son « casque » qu'il s'empressa de ranger dans sa trousse avant de se rasseoir au chevet de l'anthropologue anglaise. Celle-ci ne tarda pas à manifester les signes du retour à la conscience. Elle s'agita faiblement, remua bras et jambes et ouvrit les yeux, regardant avec étonnement son entourage. Avec une grimace douloureuse, elle passa ses doigts dans sa chevelure blonde et gémit :

– Oh! ma tête... J'ai l'impression d'avoir reçu un coup de fouet sur le crâne!

Richardson, avec un sourire plein de confiance, lui mit l'index sur le front.

– Ce crâne-là est solide, docteur Palmer, solide comme un roc...

Elle ne sourit pas à cette boutade et laissa errer un regard hébété. Le praticien jeta dans un demi-verre d'eau un comprimé rosé qu'il laissa dissoudre dans un pétillement gazeux.

– Buvez cela et vos idées s'éclairciront peu à peu.

– Tout est si embrouillé, articula-t-elle en se mettant sur un coude. Je... je n'arrive pas à...

– Buvez, insista-t-il, vous réfléchirez ensuite.

Elle obéit et but d'un trait le breuvage rose qui parut lui piquer la gorge.

– Qu'est-ce que c'est? interrogea-t-elle en s'asseyant sur le bord du lit de camp.

– Un composé très actif à base de phosphore, d'acide glutamique et de vitamines. Mais restez donc allongée encore un moment.

– Suis-je... tombée? fit-elle en s'efforçant de se souvenir.

– Non; ne vous tracassez pas et allongez-vous. Dans peu de temps, les souvenirs vous reviendront, affirma-t-il en entraînant ses compagnons dans la pièce voisine.

***

Chez les géophysiciens, levés depuis une heure et prêts à quitter leur baraquement, régnait une humeur sombre. L'horrible tuerie de la veille, à laquelle était venue s'ajouter la disparition de deux de leurs compagnons, les avait plongés dans une angoisse permanente. Renfermés dans leur mutisme, ils songeaient aussi au docteur Richardson dont leur avait parlé la jeune anthropologue anglaise. Dans leur sommeil peuplé de cauchemars ils avaient entendu, à l'aube, le mugissement sourd de pales réactives. Le psychanalyste était donc arrivé.

Leurs mornes cogitations furent soudain interrompues par un cri lointain, un cri aux modulations épouvantables qui les fit tressaillir.

– Les *Ukumar Zupai!* clama le professeur Howard Laker.

Prestement revêtus de leurs combinaisons polaires, lui et le météorologiste, Colt en main, se coulèrent dans l'étroit tunnel d'isolement thermique et entrouvrirent prudemment la porte extérieure. Ils crurent être, alors, victimes d'une hallucination. Les corps du professeur Bentos et de Laimon Brown gisaient sous leurs yeux, allongés dans la neige. Aidés par leurs compagnons, Laker et Sarmiento les transportèrent rapidement à l'intérieur où, près du poêle à mazout, ils furent précautionneusement étendus sur des lits de camp.

Dès qu'ils furent dépouillés de leurs combinaisons polaires et de leurs blousons fourrés, le docteur José Alvarez les ausculta l'un après l'autre.

– Mais, fit-il en se relevant, surpris, ces hommes ne sont pas évanouis! Ils semblent simplement dormir d'un profond sommeil... naturel.

Assisté du physicien Dorrego, le médecin souffleta doucement leur visage avec un linge mouillé puis, à leur premier signe de réveil, il se recula avec son assistant improvisé, laissant aux « dormeurs » le temps de reprendre normalement contact avec la réalité.

Laimon Brown battit des paupières, ouvrit un instant les yeux puis les referma lentement. Un tremblement nerveux crispa sa lèvre inférieure et, d'une voix rauque, inhabituelle chez lui, il murmura une suite de mots aux consonances bizarres.

Les autres s'entre-regardèrent, médusés, se demandant en quelle langue il pouvait bien s'exprimer. Leur étonnement redoubla lorsqu'à son tour, le professeur Bentos, sans s'être réveillé, prononça une sorte d'incantation abracadabrante. Aucun des deux rescapés ne semblait avoir totalement repris une « conscience claire ». Ils agissaient tout comme au sortir d'un rêve – ou d'un cauchemar – et baignaient encore parmi les curieuses images hypnagogiques, ces images floues, présentes mais difficilement discernables et qui fuient au fur et à mesure que l'on émerge du sommeil. L'Américain secoua la tête en fermant fortement ses paupières, puis il ouvrit les yeux et se passa machinalement la main sur les cheveux. Son visage marqua, l'espace d'une seconde, une sorte de surprise et sa main cessa de passer sur son crâne. Aidé par le médecin, il s'assit sur le bord du lit de camp.

– Souffrez-vous de la tête? s'enquit Alvarez.

– De la tête? Heu..., non. J'ai dû avoir... la migraine, mais cela a l'air d'être fini.

– Vous vous êtes passé la main sur le crâne et avez paru étonné. Redoutiez-vous d'y trouver un pansement?

– Un pansement? Non, je... j'avais l'impression que... quelque chose était posé sur ma tête, une chose solide, pas comme le capuchon de fourrure par exemple. J'ai dû...

Des rides se creusèrent sur son front puis, intrigué, il considéra le professeur Bentos, assis depuis un instant lui aussi sur un lit de camp.

– Que lui... Que *nous* est-il arrivé? rectifia-t-il.

– Voilà ce que nous aimerions bien savoir, Brown! grommela Howard Laker. Vous disparaissez tous deux mystérieusement hier soir, entre ce camp et celui des anthropologues, nous vous retrouvons ce matin inanimés devant la porte du baraquement, et voici que vous nous demandez ce qui vous est arrivé!

– Vous ne vous souvenez de rien? s'inquiéta le médecin.

Laimon Brown secoua négativement la tête, atterré par ce que ses amis venaient de lui apprendre.

Bentos, le chef de la mission géophysique argentine, se passa lui aussi la main sur les cheveux, palpa sa nuque et parut à son tour légèrement étonné.

– Bizarre, Brown. J'avais aussi l'impression qu'une... chose dure appuyait sur ma tête. Mais peut-être est-ce simplement parce que vous venez d'en parler? Autosuggestion, sans doute.

– Vous manifestez l'un et l'autre les mêmes réactions... singulières, nota le professeur Laker. Et, tous deux également, vous avez en sortant de votre inconscience prononcé des paroles incohérentes.

– Non pas incohérentes, corrigea le médecin, mais *inconnues.*

Laimon Brown cilla et ses joues devinrent exsangues.

– Êtes-vous certains de nous avoir entendu prononcer ces paroles *inconnues?* N'était-ce pas plutôt... du délire?

– Nullement, Brown, appuya Laker. Le docteur Alvarez a raison : vos paroles n'étaient point des mots incohérents prononcés sous l'effet du délire mais bien des mots inconnus. Et... je crois que nous pensons la même chose, n'est-ce pas, Brown?

– Claude Palmer? avança-t-il avec malaise. Vous croyez que... le professeur Bentos et moi avons été enlevés – comme elle, jadis – par les Abominables Hommes des Neiges?

Le géophysicien opina, gêné.

– Nous avons relevé, environ une heure après votre disparition, les traces de deux *Ukumar Zupai* non loin du camp...

Le professeur Bentos surprit le regard affolé de son collègue américain.

– Est-ce sérieux, Brown? Vous croyez sincèrement que ces créatures sanguinaires nous ont enlevés... sans toucher un seul de nos cheveux alors qu'elles ont massacré les deux pilotes?

– Je le crois, professeur. Ne présentons-nous pas les mêmes réactions que celles de Claude Palmer lorsqu'on la découvrit inanimée dans les glaciers du Népal, avec, autour d'elle, des empreintes de...

Il haussa brusquement les sourcils à une idée qui venait de germer dans son esprit.

– Merde! Les empreintes!

Bousculant ses compagnons, il s'empara de sa combinaison polaire qu'il enfila tout en se précipitant dehors; avant même de l'avoir rejoint, les autres l'entendirent pousser un juron. Dans la neige, au-delà des endroits piétinés par les hommes venus une heure plus tôt secourir les deux rescapés, d'énormes pieds nus avaient laissé leurs empreintes désormais caractéristiques. A dix mètres de là, mieux visibles parce que ne se chevauchant pas, elles révélaient deux pistes distinctes, l'une portant des empreintes de pied marchant *vers* le camp, l'autre s'en éloignant.

– Ils étaient deux, constata Howard Laker, et sont repartis dans la même direction d'où ils étaient venus... après avoir déposés, vous, Laimon, et vous, professeur Bentos, devant la porte du baraquement.

Pâles d'émotion, Laimon Brown et Bentos semblaient hypnotisés par ces traces cheminant à travers le plateau en direction des glaciers situés à plus de 6 000 mètres d'altitude.

– Comment avons-nous pu échapper à la mort? s'interrogea tout haut le jeune géophysicien. Est-il seulement pensable que nos ravisseurs et les monstres responsables du massacre des pilotes soient les mêmes créatures? Pourquoi nous ont-ils épargnés? A quoi leur a-t-il servi de nous enlever hier pour nous ramener ce matin?

– Cet acte gratuit est illogique, abonda le professeur Bentos. Nous n'avons subi aucun sévice, si nous en jugeons par l'absence de toute trace d'ecchymose et de douleur sur notre corps, et pourtant, s'ils nous ont enlevés, cela devait bien répondre à un but.

– Un but fort étrange, renchérit Brown. Nous n'avons pas le moindre souvenir de ce qui s'est passé entre le moment où nous avons perdu conscience, hier soir, et celui où, tantôt, nous sommes revenus à nous.

– Mais comment, justement, avons-nous pu perdre *simultanément* connaissance puisque nous n'avons pas été assommés?

– Je suis assez mal placé pour vous renseigner, professeur Bentos! ironisa Brown avec amertume. Pas plus que vous je n'ai eu conscience d'être enlevé par les Yétis... Peut-être serons-nous renseignés si nous découvrons leur tanière. Suivons les traces.

– Elles nous mèneront certainement à la crevasse et s'arrêteront là, soupira Sarmiento. Mais qu'en notre absence, trois hommes restent au camp. Nous avons décidé, précisa-t-il à l'intention du chef de la mission géophysique, d'installer ce matin une ligne téléphonique entre notre base et celle des anthropologues pour parer à toute éventualité.

– Excellente idée, approuva-t-il, Novilla, notre radio, aidé par Lovello et Puerta vont se charger de ce travail pendant que nous suivrons ces deux pistes.

Le groupe s'avança à travers le plateau enneigé, marcha pendant trois quarts d'heure environ et aborda la pente d'un glacier qu'une faille zigzaguante coupait en diagonale. Sarmiento, le météorologiste, ne s'était pas trompé : les empreintes cessaient au bord de cette faille et ne reprenaient pas sur l'autre bord. Le fond de la crevasse, trente mètres plus bas, montrait des blocs de glace et des rochers couverts de neige mais nulle empreinte ne s'y inscrivait.

Ils longèrent le bord de la crevasse qui se rétrécissait progressivement en amont et purent, non sans difficulté, suivre une sorte de corniche de glace partant du bord supérieur et, en pente raide, aboutissant au fond. La marche, sur ce sol torturé, glissant et dangereux, entre les murailles gelées, se révélait très pénible. Certains firent une chute heureusement amortie par l'épaisseur des lourds vêtements polaires.

– Nous voici à la verticale du lieu où s'arrêtent, « là-haut », les empreintes géantes, annonça le professeur Laker en levant les yeux vers un de leurs compagnons resté à la surface afin de délimiter la verticale du point de disparition des traces.

Ils examinèrent la paroi de glace bleutée, tâtèrent de leurs bottes sa base et des mains gantées sa surface mais ne découvrirent rien qui ressemblât à une ouverture dissimulée, voire une fissure. La muraille n'offrait, dans son uniformité, qu'une surface brillante et lisse.

– Pas trace de grotte, de caverne où pourraient gîter ces créatures, marmonna le docteur Alvarez. J'espère que les anthropologues, dans leurs explorations prochaines, découvriront enfin ces Yétis.

Enrico Sarmiento, vivement ému par l'échec de ces recherches, grinça :

– Et j'espère aussi qu'ils ne lésineront pas sur les munitions pour en descendre quelques-uns!

Avec un synchronisme spontané, le professeur Bentos et le géophysicien Laimon Brown articulèrent d'une voix rauque mais pathétique :

– *Non!* Ces créatures sont inoffensives. Ne les tuez pas!

Cette exhortation singulière, le ton inhabituel sur lequel elle avait été dite, laissa stupéfaits les compagnons des deux rescapés.

– C'est *vous,* vous qui avez été enlevés par les Abominables Hommes des Neiges, qui demandez cela? s'indigna le météorologiste.

Nicolas Bentos et Laimon Brown plissèrent curieusement les paupières, parurent réfléchir un instant, démontés par cette question, puis l'Américain s'étonna :

– Demander... *quoi,* Sarmiento?

– De ne pas...

Sidéré, Sarmiento ne termina pas sa phrase et demeura la bouche ouverte.

Le professeur Nicolas Bentos, irrité, vint à la charge :

– Que signifie tout cela? Brown et moi avons-nous seulement demandé quelque chose?

– Bon Dieu! suffoqua Sarmiento. Vous vous foutez de nous ou quoi?

– Vous êtes chiants, à la fin, avec vos questions sibyllines et vos airs ahuris! s'emporta Laimon Brown.

Le professeur Laker lui mit la main sur l'épaule et, attristé, murmura :

– Brown, mon ami, je ne vous ai jamais vu aussi... hargneux, vous qui d'habitude êtes un modèle de calme.

– Excusez-moi, professeur, mais les insinuations de Sarmiento m'ont excédé... et mes paroles ont dépassé ma pensée. Pardonnez-moi, Sarmiento.

– Ce n'est rien, Brown, cependant, laissez-moi vous détromper. Il ne s'agissait pas d'une « insinuation » mais d'une simple question amenée par ce que vous veniez de dire... *simultanément,* vous et le professeur Bentos.

– Et qu'avons-nous dit? s'informa ce dernier avec appréhension.

– Vous avez prononcé d'une voix bizarre : *Ces créatures* – les *Ukamar Zupai* – *sont inoffensives. Ne les tuez pas!*

Désemparé, Laimon Brown se passa lentement sa main gantée sur le front.

– Je ne puis avoir dit une chose pareille! Les Yétis ont massacré deux hommes! Comment aurais-je pu les qualifier de créatures inoffensives? Je conserverai toujours cette atroce vision des pilotes décapités, mutilés, ensanglantés... *Il s'agissait d'un accident indépendant de...*

Il serra les mâchoires et pâlit brusquement en portant ses mains à sa tête. Sa bouche se tordit et son front se couvrit de fines gouttes de sueur.

– Je... Oh!... cette douleur, gémit-il en chancelant.

Le professeur Laker le prit hâtivement par le bras pour rétablir son équilibre.

– J'ai entendu mes paroles! s'exclama-t-il avec une indicible émotion. Je ne voulais pas les prononcer mais... C'est épouvantable! Comment vous faire admettre cela? J'ai été *forcé* de les articuler...

– Retournons au camp, proposa le docteur

Alvarez. Vous faites peut-être une dépression nerveuse... Et pourrait-on s'en étonner après les événements tragiques de ces dernières vingt-quatre heures?

– Je me sens maintenant tout à fait bien, docteur Alvarez et la douleur lancinante qui se vrilla tout à l'heure dans mon crâne a totalement disparu... Et vous, professeur Bentos, souffrez-vous de la tête?

– Pas du tout, Brown. Tout va bien.

Le retour au camp fut silencieux, chacun agitant des pensées peu réjouissantes et s'efforçant de repousser une angoisse insidieuse que la raison ne parvenait pas à chasser.

– La ligne téléphonique est installée, constata le professeur Bentos en suivant des yeux le câble soigneusement isolé qui reliait les deux groupes de baraquements. Novilla, Puerta et Lovello ont fait du bon travail.

Ils n'avaient pas plus tôt franchi le seuil de la pièce principale que la sonnerie du téléphone de campagne grésilla. Le chef de la mission géophysique décrocha le combiné dont le socle reposait sur une étagère mobile de la cloison. La voix du professeur Orlando résonna dans l'écouteur :

– Allô? Novilla! Est-ce que cela marche? M'entendez-vous bien?

– Bentos à l'appareil.

– Oh! Je suis heureux de vous savoir sains et saufs, vous et Laimon Brown, s'écria joyeusement l'anthropologue au bout du fil. Novilla, votre radio, ainsi que Puerta et Lovello nous ont appris la bonne nouvelle. Votre disparition nous a causé beaucoup d'inquiétude.

– L'hélicoptère que nous avons aperçu, près de votre camp, est sans doute celui du docteur Richardson?

– Oui, le docteur Richardson accompagné de trois pilotes d'hélico est arrivé ce matin à 5 heures. Mais Novilla ne vous a donc rien dit?

– Novilla? Je le croyais retourné à votre camp. Ni lui, ni Lovello, ni Puerta ne sont ici.

Pris d'un soupçon d'inquiétude, Enrico Sarmiento sortit vivement pour inspecter les autres bâtiments.

– Attendez une minute, Orlando. Sarmiento est allé les chercher. Ils doivent se trouver dans l'un des hangars abritant le matériel.

– Probablement, acquiesça l'anthropologue.

Puis, après un long silence, il ajouta :

– Nous allons tout à l'heure partir en exploration. Peut-être découvrirons-nous la retraite de nos... oiseaux rares!

Le météorologiste, essoufflé, fit irruption dans la pièce.

– Ils ont disparu!

– Disparu? sursauta le professeur Bentos sans lâcher le combiné.

– Que se passe-t-il? s'enquit Orlando dans l'appareil.

Nicolas Bentos passa le combiné à Sarmiento pour lui laisser le soin de s'expliquer directement.

– Le radio Novilla et les géologues Lovello et Puerta qui l'aidèrent à installer la ligne de ce téléphone ont disparu! Les traces s'arrêtent entre notre camp et le vôtre, à un point où prennent naissance des empreintes de pieds nus géants! Les *Ukumar Zupai* les ont enlevés, tout comme ils ont enlevé – puis ramené – le professeur Bentos et Laimon Brown. Ces créatures, d'après les traces, étaient au nombre de quatre. Leur piste disparaît au flanc de la montagne limitant à l'ouest ce plateau. Elles n'ont pas pu escalader cette muraille quasi verticale et, pourtant, leurs traces cessent là!

Il s'écoula un assez long silence avant que la voix de l'anthropologue ne reprît:

– Nous aimerions aller examiner ces traces en compagnie du professeur Bentos, de Laimon Brown et de vos camarades, Sarmiento. Vous qui êtes armé, restez au camp et ouvrez l'œil. Nous-mêmes laisserons ici le docteur Richardson et deux pilotes, armés, pour parer à toute éventualité.

Le professeur Bentos accepta d'un signe de tête et reposa l'écouteur en même temps que Sarmiento raccrochait après avoir indiqué à Orlando leur départ immédiat en direction de la falaise. Resté seul dans le baraquement après que les autres furent sortis, le météorologiste bourra sa pipe et s'assit près du poêle. Adossé au mur, il fumait en tambourinant machinalement sur la crosse du Mauser 9 mm passé dans son ceinturon.

Le timbre du téléphone grelotta près de lui et il n'eut qu'à tendre la main pour décrocher.

– Sarmiento?... Richardson à l'appareil. Êtes-vous seul?

– Oui, docteur. Pourquoi?

– Je viens vous rejoindre et frapperai trois coups brefs et un quatrième coup, plus espacé.

– Qu'est-ce que ça veut dire?... Allô! docteur Richardson. Allô!

Le psychanalyste avait raccroché. Sarmiento reposa le combiné sur sa fourche, tira nerveusement sur son tuyau de pipe et ses sourcils dessinèrent deux accents circonflexes.

« Pourquoi joue-t-il donc les conspirateurs? » s'interrogea-t-il.

Perplexe et inquiet, il sortit son Mauser du ceinturon et le glissa dans la poche oblique de son blouson; il pourrait ainsi s'en saisir plus discrètement... le cas échéant.

A la porte extérieure, le signal convenu retentit. La main droite dans la poche de son blouson, Sarmiento alla ouvrir. Le docteur Richardson, grandi encore par son épaisse combinaison polaire, entra sans un mot et passa résolument devant le météorologiste qui referma le verrou de la porte extérieure. Les deux hommes, se retrouvant dans la pièce surchauffée, échangèrent un regard soutenu, s'étudièrent réciproquement et ne cherchèrent point à se dissimuler l'inquiétude qui les étreignait.

Débarrassé de son surtout, de ses moufles et de

ses gants, le psychanalyste s'assit tranquillement avant de rompre le silence.

– Les circonstances veulent que notre première rencontre se passe de protocole..., aussi suis-je heureux de constater la prudence de votre accueil. Mais vous n'avez rien à craindre de moi, Sarmiento.

Le météorologiste retira la main de sa poche renfermant le Mauser et toussota, un peu confus, avant de rallumer sa pipe.

– Nous sommes tous un peu nerveux depuis hier, excusez-moi...

– On le serait à moins, abonda Richardson. J'ai besoin de vous, Sarmiento, jeta-t-il sans préambule. Après Mlle Palmer, enlevée au Népal il y a deux ans par les Yétis, après le professeur Bentos et mon compatriote Laimon Brown, enlevés hier soir par les mêmes créatures, voici que, de nouveau, trois hommes ont disparu. Oui, j'ai besoin d'un allié, ici, dans ce camp, et j'espère l'avoir trouvé en vous.

– Ce témoignage de confiance me flatte, docteur Richardson, mais j'aimerais savoir en quoi je puis vous être utile?

– *Glitrongl,* prononça soudainement l'Américain en scrutant le visage de son interlocuteur.

– Plaît-il?

La mine franchement étonnée du météorologiste amena chez Richardson un soupir de soulagement.

– Simple précaution, Sarmiento. Ceux qui

furent enlevés par les Yétis, vous ne l'ignorez pas, se comportent d'étrange façon et articulent des paroles incompréhensibles. A l'un de ces mots inconnus prononcé devant eux, ils répondent fréquemment par un mot de leur langue traduisant apparemment le ou les termes inconnus. C'est un peu comme si, après avoir été enlevés par les Abominables Hommes des Neiges, les victimes étaient capables de *comprendre ces mots mystérieux.*

– Le professeur Bentos et Laimon Brown, voilà moins d'une heure, se sont effectivement conduits bien singulièrement, avoua l'Argentin en rapportant l'énigmatique réflexion des deux hommes.

– J'en étais sûr, rumina Richardson. Ces malheureux *ne sont plus les mêmes.* Claude Palmer *n'est plus la même* depuis son rapt au Népal. Et les trois hommes qui viennent de disparaître, lorsque nous les retrouverons, *ne seront plus les mêmes qu'avant!...* Non, je ne puis vous en expliquer la raison, dit-il en devançant la question.

– Vous ne pouvez pas ou bien... vous ne voulez pas me l'expliquer?

– Je ne *veux* pas vous l'expliquer, Sarmiento, car le secret est trop lourd, trop dangereux à porter. Le professeur Orlando, Ortiz et les trois pilotes qui m'accompagnèrent ici ont accepté de m'aider, d'exécuter scrupuleusement mes ordres sans me poser de questions quant à l'utilité de les exécuter. Êtes-vous disposé à en faire autant? J'ai besoin de votre réponse immédiate, les autres pouvant revenir dans une minute...

Sarmiento n'eut qu'une ombre d'hésitation avant d'accepter :

– Vous pouvez désormais compter sur moi, Richardson. Quel rôle jouerai-je dans votre plan?

– Vous devrez dorénavant surveiller étroitement votre chef, le professeur Bentos, mon compatriote Laimon Brown et Claude Palmer, si d'aventure vous êtes amené à l'approcher.

Signifiant son refus de répondre aux questions, le psychanalyste agita doucement la tête.

– Dans cette fantastique aventure, Sarmiento, la curiosité, la *connaissance*, de certains faits sont synonymes de danger. Je vous répète ce que j'ai dit à Orlando et Ortiz : moins vous serez au courant de cette affaire, mieux cela ira. Qu'il me suffise de vous recommander la prudence vis-à-vis de Bentos, Brown, Claude Palmer et les derniers disparus lorsque nous les retrouverons. Il ne faut pas, absolument pas que les Yétis vous enlèvent, vous, mon seul allié dans ce camp! Ne sortez jamais seul et sans arme. Que vos camarades ne sortent jamais à moins de quatre... Les risques seront ainsi plus limités.

« Si vous remarquez la moindre anomalie dans le comportement de ceux contre lesquels je vous ai mis en garde, prévenez-moi sans retard *à leur insu.* Si vous jugez indispensable de vous adjoindre un allié, réfléchissez à deux fois avant de le mettre au courant de nos conventions. Abstenez-vous d'avancer des hypothèses en présence des « suspects » et faites en sorte, lorsque vos compagnons rentreront, de les retenir pendant une demi-heure, minimum, à l'intérieur. Temps nécessaire à l'équipe du professeur Orlando pour quitter le plateau et partir – *sans armes* – en exploration.

CHAPITRE VI

Avant de regagner son camp, le docteur Richardson s'assura que le groupe des anthropologues et géophysiciens partis examiner les traces était hors de vue. Jeff Anders, le pilote du Puma, entrouvrit prudemment au signal convenu. Sa main droite, armée d'un Colt. 45, s'abaissa et il ouvrit aussitôt pour laisser entrer le psychanalyste. Dans la pièce, à la vue de leur chef, les remplaçants des aviateurs argentins tués par les Yétis rengainèrent à leur tour les automatiques.

– Sarmiento marche avec nous, annonça Richardson. Je n'ai pas voulu l'influencer mais, s'il prend un allié, je ne crois pas me tromper en prédisant qu'il choisira Laker. Et celui-ci acceptera certainement.

Passant à une tout autre question, il se tourna vers Max Hall et Peter Wilcox.

– Avez-vous bien dit *négligemment* devant Claude Palmer que nous allions patrouiller *vers le nord* en hélicoptère?

– Oui, docteur. Mlle Palmer ne fit en outre aucune difficulté pour participer à la recherche des Yétis et ce bien qu'elle ait su l'absence de toute arme dans cette expédition. Rien n'a donc transpiré de vos accords avec Orlando et Ortiz *qui seuls emporteront discrètement un Colt.*

– Parfait. Dépêchons-nous, Anders, il nous faut devancer cette expédition... un peu particulière.

Anders et Richardson se débarrassèrent de leur surtout bleu roi pour revêtir une combinaison polaire d'une blancheur immaculée au capuchon ourlé de fourrure blanche synthétique. Ils troquèrent également leurs bottes marron contre des bottes blanches et retirèrent d'un coffret deux fusils à gaz – armes courtes et massives surmontées d'une lumière télescopique – recouverts d'un enduit blanc plastifié.

Ainsi accoutrés, ils passeraient inaperçus dans la neige et les glaciers, leurs vêtements leur assurant un mimétisme presque parfait. Peter Wilcox sortit sur le pas de la porte, inspecta l'horizon et, refoulant Toby qui faisait mine de s'esquiver entre ses jambes, il lança :

– Vous pouvez y aller, la voie est libre...

Le psychanalyste et Jeff Anders, avant de s'avancer vers le nord, prirent soin de contourner les baraquements puis de faire un large crochet afin que leurs traces ne fussent point remarquées par ceux qui les croiraient partis en hélicoptère.

Pendu à leur côté gauche, se balançait l'étui

blanc d'un talkie-walkie. De l'autre côté, fixée à des mousquetons, une gaine blanche renfermait un Colt. Le lourd fusil à gaz au magasin contenant six obus miniatures – 50 mm de diamètre sur 120 mm de long – était maintenu horizontalement à hauteur du plexus par une sangle passée sur l'épaule gauche.

Ils venaient d'atteindre l'extrémité nord du plateau lorsque apparurent les silhouettes sombres – parfaitement découpées sur cette étendue neigeuse – des anthropologues et géophysiciens revenant à leur camp après un examen des traces laissées par les Yétis. Richardson et Jeff Anders s'immobilisèrent contre la falaise couverte de glace : leurs combinaisons blanches se confondirent rigoureusement avec le flanc de la montagne. Les deux équipes se séparèrent, les géophysiciens gagnant leur camp cependant que le professeur Orlando, ses trois assistants et Claude Palmer obliquaient vers le sud, direction dans laquelle allait débuter la recherche des Abominables Hommes des Neiges.

Le mugissement assourdi des pales réactives troubla le silence et, après quelques minutes, l'hélicoptère monté sur skis s'éleva, emportant uniquement Peter Wilcox et Max Hall. Claude Palmer ne pouvait se douter que Richardson et Jeff Anders ne se trouvaient pas à bord. Elle se doutait encore moins qu'à deux cents mètres derrière elle et son groupe ces deux hommes l'épiaient, la suivaient à l'abri de sa vue grâce à leur tenue entièrement blanche, quasi indécelable dans la neige.

***

Le chef de la mission anthropologique marchait silencieusement aux côtés de sa jeune collègue. Ils avaient quitté le plateau et s'engageaient maintenant sur une pente glacée pour remonter lentement vers le sud en s'aidant du piolet. La déclivité empruntée par le groupe était un raccourci menant au formidable glacier d'El Macon. Cette région de la Cordillère des Andes – dominant les dunes gelées de la Puna de Atacama – offrait une beauté sauvage, grandiose, écrasante, propre à ramener l'homme à l'échelle de l'insecte.

Les Indiens plaçaient dans cette contrée désolée le domaine des « Êtres Étranges » : les *Ukumar Zupai.* Ces derniers semblaient s'être manifestés pour la première fois après qu'une violente secousse eut ébranlé la montagne [1]. Les savants attribuèrent simplement cette secousse à la chute d'un gros aérolithe et nièrent en bloc les « racontars » des indigènes.

Claude Palmer tourna la tête pour regarder, au nord, s'éloigner le Puma dans lequel, croyait-elle, se trouvait Richardson. Ses yeux, à cet instant,

1. L'événement (sur lequel aucune explication scientifique valable n'est encore venue jeter la lumière) se produisit dans ladite région vers la fin de 1954.

perdirent tout éclat. Ternes subitement, ils semblaient regarder sans le voir l'appareil silhouetté sur les nuages.

Orlando s'était lui aussi arrêté, intrigué par l'atonie de ce regard.

« Cette jeune fille, soliloqua-t-il, n'est pas la Claude Palmer, sémillante et enjouée, que j'ai connue jadis... *avant* son départ pour le Népal. »

– Voici notre ami Richardson et les trois pilotes qui vont patrouiller vers le nord, observa-t-elle d'une voix aux inflexions insolites. Ils n'ont aucune chance de découvrir là-bas les *Ukumar Zupai.*

L'anthropologue fut sur le point de lui demander la raison de cette certitude mais il se ravisa, réalisant soudain l'étrange raucité de sa voix. Se souviendrait-elle seulement de son affirmation?

Orlando fut heureux qu'Ortiz eût entraîné plus avant leurs deux autres compagnons. N'ayant reçu aucune consigne du docteur Richardson, ceux-ci n'auraient pas manqué de demander des éclaircissements à leur collègue pour ses paroles inattendues.

« Ainsi, raisonna le chef de mission en reprenant l'ascension, Claude Palmer paraît sûre que les *Ukumar Zupai* ne vivent pas au nord de la Puna de Atacama. Cela limite déjà le champ de nos recherches. Mais comment peut-elle avoir cette assurance, ne connaissant pas la région?... Non, mon esprit s'égare : elle n'a pas pu, matériellement, avoir de contact avec les Yétis des Andes. »

Il dut redoubler d'attention car le glacier prenait une inclinaison dangereuse. Parfois, les crampons et les mouches des courtes bottes dérapaient sur la glace et l'on devait alors se ménager des prises à coups de piolet. Ce passage, lisse et périlleusement incliné, aboutissant à un à-pic d'au moins cinq cents mètres, ne s'étendait fort heureusement que sur deux cents mètres environ. Lorsqu'ils l'eurent franchi, soulagés, ils s'engagèrent sur une pente douce prolongée d'un étroit plateau enchâssé entre deux éperons rocheux. Au-delà prenait naissance le dernier bastion du glacier d'El Macon.

– Prenons entre ces pics, conseilla Claude Palmer. Nous traverserons le petit plateau et reprendrons l'escalade plus loin.

– Cette solution est la plus commode, mais elle nous fera perdre vraisemblablement deux heures, objecta le professeur. Tandis que si nous coupons à droite en évitant le plateau, nous attaquerons directement le flanc du glacier qui nous mènera droit au point culminant.

La jeune fille lui fit face mais ses yeux, sans éclat, paraissaient perdus dans une étrange contemplation intérieure. Orlando eut alors la désagréable impression que ces yeux-là *ne le voyaient pas!* Il cilla lorsqu'elle articula d'une voix âpre :

– Cette escalade directe m'épuisera, professeur. Passons entre les deux pics.

Da Selva et Ortego, ignorant tout de la connivence de leur chef avec le linguiste et le docteur Richardson, s'étonnèrent d'entendre leur collègue britannique parler sur ce ton « coléreux » au professeur Orlando.

– Soit, capitula simplement ce dernier. Allons...

Sur près d'un kilomètre, ils traversèrent la pente en diagonale pour aborder le plateau exigu qu'encadraient les deux pics.

– N'eût-il pas été plus court d'attaquer la face ouest du glacier au lieu de décrire un détour par ici ? demanda Claude qui, à l'évidence, ne gardait aucun souvenir de son obstination à vouloir, justement, passer par là.

Ortego et Da Selva tiquèrent mais le professeur intervint opportunément pour leur éviter de révéler involontairement à la jeune fille – redevenue normale – son bizarre comportement.

– C'eût été plus court, en effet, mais j'ai cependant préféré accomplir ce détour pour vous éviter la pénible ascension de la face ouest. En progressant entre ces pics, le détour nous conduira juste au-dessus de la passe la plus scabreuse et le reste de l'escalade ne sera plus qu'un jeu pour vous.

– Je vous remercie de cette attention, professeur, sourit-elle aimablement, mais je me sens parfaitement solide sur mes jambes ; le malaise de ce matin s'est totalement dissipé. Néanmoins, puisque nous y sommes, continuons sur le chemin que vous avez choisi.

Ortego et Da Selva, fermant la marche, échangèrent un regard médusé. Voilà que maintenant l'anthropologue anglaise était persuadée que cette décision émanait de leur chef!

Le sol montait légèrement et le groupe marchait sans effort sur la couche de neige compacte qui crissait sous leurs semelles. Ils allaient s'engager entre les versants rocheux pour aborder une côte plus prononcée quand, brusquement, quatre créatures gigantesques bondirent d'une anfractuosité que leur avait dissimulée un amoncellement de blocs de glace. Tous s'étaient arrêtés, mais alors que les hommes, devant ce spectacle effrayant, hors de toute mesure, se reculaient en désordre, Claude Palmer demeurait immobile, sans proférer un son, apparemment étrangère à la présence des monstrueuses créatures. Colosses de trois mètres cinquante, les *Ukumar Zupai* ressemblaient à des gorilles aux poils rouges. En dépit de leurs crocs démesurés, leur faciès n'offrait pourtant pas cette bestialité féroce qui caractérise les anthropoïdes. Dans leur face velue, sous des arcades sourcilières proéminentes, leurs yeux orangés incroyablement gros, compte tenu de la stature de ces êtres, observaient avec attention les quatre hommes et la jeune fille.

Dans un sursaut de raison pour dominer la peur atroce qui les étreignait, Orlando et Ortiz se souvinrent des consignes reçues: n'utiliser les armes qu'en toute dernière extrémité. Faisant volte-face, ils empoignèrent leur collègue anglaise à bras-le-corps et battirent précipitamment en retraite. Les *Ukumar Zupai* poussèrent un cri suraigu d'une puissance extraordinaire et, d'un bond fantastique, ils s'élancèrent à leur poursuite, doigts écartés, bras en avant.

Une série de détonations rapprochées ébranla la montagne et se répercuta longuement dans les glaciers. En divers endroits, la neige compacte et la glace volèrent en poussière au-devant des Abominables Hommes des Neiges. Des nuages bleuâtres fusèrent du sol pour se répandre avec une rapidité foudroyante. En quelques secondes, l'étroit plateau triangulaire fut noyé sous des nuées opaques de gaz bleu. Les quatre créatures firent encore quelques pas, titubèrent et s'affalèrent dans la neige, la face en avant cependant que, trente mètres plus loin, l'anthropologue et Ortiz chancelaient, lâchaient Claude Palmer pour s'écrouler pêle-mêle, immobiles. Le zoologue Da Selva et l'ethnographe Ortego n'eurent même pas le temps de se retourner; un vertige s'empara d'eux et ils s'effondrèrent, profondément endormis.

Cent cinquante mètres plus bas, à plat ventre dans la neige avec laquelle se confondaient leurs combinaisons blanches, Richardson et Jeff Anders épiaient la scène, l'index encore posé sur la détente des fusils à gaz. Le psychanalyste étira vivement l'antenne du talkie-walkie, appliqua l'appareil contre sa joue et obtint presque aussitôt la liaison radio avec Max Hall et Peter Wilcox à bord de l'hélicoptère.

– Nous occupons un plateau triangulaire, sur la face sud du glacier d'El Macon, à quatre kilomètres du camp des géophysiciens. Branchez le détecteur infrarouge. Vous apercevrez nos signaux...

– O.K.! répliqua Hall. Nous plafonnons à seulement sept kilomètres de votre position et serons en vue dans deux minutes. Tout a bien marché?

– Admirablement, Hall. Ignorant nos plans, Claude Palmer est tombée dans *notre* souricière. *La sienne, destinée à ses compagnons, a échoué.* Pour la première fois, nous avons fait avorter une tentative d'enlèvement... Pauvre fille! Si vous l'aviez vue, amorphe et sans réaction en présence des Abominables Hommes des Neiges *vers lesquels elle avait attiré Orlando et les autres.* Découvrirons-nous jamais « Ceux » qui tirent les ficelles de ces pitoyables pantins? Mais hâtez-vous, les détonations auront probablement alertés d'autres Yétis qui désapprouveraient certainement notre façon cavalière d'avoir endormi leurs congénères!

Jeff Anders abaissa le contacteur latéral d'un projecteur extra-plat. La spirale de métal grisâtre s'échauffa rapidement, émettant des rayons infrarouges invisibles à l'œil mais parfaitement décelables grâce à l'écran détecteur dont était pourvu l'hélicoptère. Un mugissement assourdi par la raréfaction de l'air s'enfla progressivement. Anders se releva et balança à bout de bras son projecteur miniature. Le Puma aperçut le signal, corrigea son cap en perdant de l'altitude puis il se posa sur le plateau triangulaire, ses doubles pales réactives chassant en grondant les dernières volutes de gaz anesthésiant.

Sitôt dans la neige, les deux pilotes, rejoints par Richardson et Anders, s'affairèrent sous le ventre du gros hélicoptère. Le gaz bleuté, totalement dissipé, leur évita le port d'un masque. Les aviateurs firent coulisser une série de plaques rectangulaires, sous la carlingue, révélant des cavités desquelles s'échappèrent des chaînes en acier durci aux ultrasons. Grimpé dans l'appareil, Wilcox jeta par l'écoutille quatre objets insolites tenant à la fois de la cotte de mailles et d'un corselet pour hercule! Richardson, pendant ce temps, remplissait une grosse seringue hypodermique dont l'aiguille puisait dans une volumineuse ampoule au liquide brunâtre.

Lui et ses compagnons s'approchèrent des *Ukumar Zupai*. Malgré leur hâte d'en finir avec cette besogne dangereuse, ils demeurèrent un instant comme hypnotisés par ces colosses velus affalés dans toutes les positions sur l'épaisse couche de neige. Surmontant son émotion, le psychanalyste s'agenouilla près d'une des créatures endormies. Il palpa le bras musculeux du Yéti dans la région de l'articulation du coude et, d'un geste précis, enfonça l'aiguille dans la face interne du bras. Ce traitement, également appliqué aux autres « Hommes des Neiges », ne provoqua chez eux aucune réaction.

– Vite, les corselets! ordonna le praticien en rangeant fébrilement ses instruments.

Il aida ses compagnons à passer les corselets à mailles d'acier autour du torse des Yétis. Soulever en partie le haut du corps des monstres, inertes et terriblement lourds, ne fut pas chose aisée. Des sangles de nylon, d'une robustesse exceptionnelle, pendaient au bas des corselets et, passant entre les jambes des créatures, venaient se fixer à hauteur de leurs reins. Au milieu du dos, chacune de ces « cottes de mailles » insolites portait une plaque d'acier dotée d'un anneau. L'opération, hâtivement mais consciencieusement menée, nécessita une vingtaine de minutes après quoi, ainsi harnachés, les Yétis furent traînés un par un jusqu'au-dessous de l'hélicoptère. Là, chacun reçut l'une des chaînes fixées sous la carlingue du Puma. Le crochet à fermeture indécrochable fut assujetti à l'anneau dorsal de chaque corselet et les deux pilotes se déclarèrent prêts à prendre l'air.

– Avec cette piqûre, dit Richardson, les *Ukumar Zupai* en ont bien pour quatre heures, mais ne traînez pas en route! Et ne prenez aucun risque. Si par hasard – le narcotique perdant trop tôt ses effets – vos « passagers » devenaient récalcitrants au bout de leur chaîne, n'hésitez pas une minute : dropez-les [1] dans le vide! Prévenez la

1. Argot des aviateurs : lâcher, larguer (de *to drop* : laisser tomber).

base « Diego » sur les fréquences variables. Tout doit être prêt avant votre arrivée. Nous ne connaissons pas encore la force exacte de ces êtres; veillez donc à ce que les chaînes les plus résistantes leur soient appliquées dès l'atterrissage.

« *Go on, boys!* Je visiterai la base demain...

L'hélicoptère décolla très doucement et s'éleva pouce par pouce. Sous la carlingue, les chaînes, à intervalles de deux mètres, se tendirent progressivement et, avec une prudente lenteur, le Puma emporta dans les airs les *Ukumar Zupai* anesthésiés. Ces quatre géants velus suspendus par des chaînes et oscillant sous le ventre de l'hélicoptère offraient un spectacle hallucinant.

– Si les Indiens aperçoivent un tel équipage, plaisanta Anders, nous pouvons être certains qu'ils abandonneront à jamais leur village pour fuir cette région hantée!

– Ne serons-nous pas contraints de les évacuer nous-mêmes lorsque nous aurons découvert l'antre des Yétis?

Jeff Anders cessa de sourire.

– Puissions-nous *ne pas être forcés d'arroser ces glaciers de bombes atomiques!*

– Les événements vont maintenant se précipiter, annonça Richardson, et nous obligeront à *tout* révéler à Orlando, Ortiz et Sarmiento. Si nous devions à notre tour être enlevés par les Yétis, ces trois hommes devraient pouvoir immédiatement continuer la lutte. Pour cela, il est indispensable de les renseigner. Les risques de fuite s'en trouveront accrus – s'ils devaient ultérieurement être eux-mêmes enlevés – mais nous devons miser sur la chance.

A peu près simultanément, Claude Palmer, Orlando et leurs compagnons reprirent connaissance, les effets anesthésiants du gaz ayant cessé. Ils s'assirent maladroitement et promenèrent autour d'eux un regard hébété. Les yeux de Claude Palmer s'agrandirent de surprise à la vue du psychanalyste et du pilote puis, soudainement, ils devinrent ternes.

– Vous nous avez trompés, Richardson, reprocha-t-elle d'une voix rauque. Non seulement vous n'étiez pas dans l'hélicoptère mais vous avez fait usage des gaz pour *contrecarrer la volonté des Maîtres...*

Richardson ignora ostensiblement ces étranges paroles pour s'adresser à l'ensemble du groupe :

– Vous devez, je pense, être capables de marcher; hâtons-nous de retourner au camp. Les Yétis peuvent fondre sur nous à tout moment...

Non loin de là, ils rencontrèrent, venant à la rescousse, le météorologiste et trois hommes armés de Colt.

– Nous avons entendu des détonations..., commença Sarmiento.

Devançant toute explication de la part de ses compagnons, Richardson s'empressa de donner une version habilement travestie de leur aventure :

– Après une reconnaissance aérienne, le Puma

nous déposa, Jeff et moi, près du glacier d'El Macon. Nous avions l'intention de rejoindre le groupe du professeur Orlando et lorsque nous l'aperçûmes, nous n'eûmes même pas le temps d'appeler. Quatre *Ukumar Zupai* venaient de surgir – Dieu sait d'où – et bondissaient vers nos amis. Nous tirâmes plusieurs obus à gaz mais, dans notre précipitation, notre tir perdit de sa précision. En définitive, acheva-t-il piteusement, c'est le professeur et son équipe qui furent anesthésiés *et non pas les Yétis!* Ceux-ci, au premier coup de fusil, disparurent en trois bonds fantastiques.

– Sans votre présence d'esprit, Richardson, observa Claude Palmer maintenant tout à fait normale, nous aurions subi le sort du professeur Bentos et de Laimon Brown. Nous sommes fous d'être partis sans armes vers ce glacier! Dorénavant, les fusils à gaz ne nous quitteront plus.

Ni Richardson ni les autres ne firent une remarque à ces paroles qui démentaient la première réaction de l'anthropologue anglaise.

– Prudence élémentaire, approuva Orlando. Cet échec sera une leçon. Désormais les fusils à gaz nous accompagneront.

– C'est ridicule, lança âprement Claude Palmer. *Les Glorakz sont inoffensifs... Nos Maîtres... Maîtres... Maîtres...*

Elle ponctua ses divagations de ce mot – « Maîtres » – et se tut en fermant les yeux. Quand elle les rouvrit, ce fut pour frissonner en souriant, naturelle :

– Brrr! Ne restons pas immobiles; il fait un froid de canard!

Ils se remirent en marche, repassant dans leur esprit les réflexions baroques de cette jeune fille à la déconcertante versatilité. En tête de la colonne, devançant les autres d'une dizaine de mètres, Richardson et Sarmiento s'entretenaient à voix basse.

– J'ai dû me confier au professeur Laker...

– Je savais que vous le feriez, Sarmiento. En dépit de sa taille replète et de son embonpoint, Howard est un homme alerte, capable de beaucoup de sang-froid...

– En mon absence, il surveille les agissements de Laimon Brown et du professeur Bentos...

– Fort bien, Sarmiento, chuinta le psychanalyste. Cette nuit, lorsque vos compagnons seront endormis, Orlando, Ortiz et moi-même viendrons à votre camp. Nous nous rencontrerons dans le hangar C. Jeff Anders veillera sur le sommeil du Dr Palmer, ce qui nous permettra de venir en catimini vous révéler, à vous et Laker, tout ce que nous savons. Hall et Wilcox, à l'heure présente, ont dû toucher la base militaire secrète établie à cinquante kilomètres à l'est de la Cordillère. Si tout a bien marché, pour la première fois au monde, quatre Abominables Hommes des Neiges vont être examinés par les savants les plus qualifiés...

– Vous... Grand Dieu! fit-il, haletant. Vous êtes parvenus à capturer quatre *Ukumar Zupai?*

– Oui, nous avons eu cette chance... *grâce à Claude Palmer!*

Peu de temps plus tard, les deux missions, réunies sur la Puna de Atacama, accueillirent Max Hall et Peter Wilcox à leur descente d'hélicoptère. Bon simulateur, Wilcox fit un geste fataliste.

– Rien, pas le moindre Yéti en vue. Nous avons survolé toute la région du glacier d'El Macon, mais sans succès.

– Nous recommencerons demain l'exploration au sol qui devra coïncider avec un autre vol de reconnaissance, décréta l'anthropologue anglaise. Cette coordination des recherches terre-air augmentera nos chances de découvrir l'antre des *Ukumar Zupai.*

Sa voix changea brusquement pour articuler sur un ton âpre et lent :

– *Les maîtres sont courroucés. Libérez les Glorakz...*

Les techniciens et savants des deux groupes tiquèrent à ce discours incohérent, mais leur ahurissement ne connut plus de bornes, lorsqu'ils entendirent Bentos proclamer sourdement :

– *Les Glorakz sont inoffensifs. Les Maîtres sont mécontents que... Ongpaonak uz rektlagoang whyokz glorakz retbluk...*

– Non! hurla tout à coup Laimon Brown. Je ne veux pas! Taisez-vous! Taisez-vous!... *Rektlagoang... Itrunkloz...* Je n'obéirai pas à...

Il s'effondra dans la neige en gémissant, les

poings serrés contre ses oreilles, le visage déformé par la souffrance ou la colère. Bentos s'était également écroulé en proférant des mots sans suite ou sans signification connue. Claude Palmer, le regard fixant un point imaginaire, divaguait elle aussi :

– Ils ne devraient pas lutter; ils n'ont pas encore l'habitude des *Rektloagoang, les Maîtres inconnaissables...*

Cette scène, hallucinante sur ce plateau glacé, dans ce décor grandiose et sauvage, avait jeté les techniciens dans une profonde consternation. Leurs camarades perdaient-ils la raison? Laimon Brown se releva lentement, les yeux baignés de larmes qu'il essuya d'un revers de main machinal, car il *pleurait*. Ses narines frémissaient d'une rage impuissante et ses poings, dans ses moufles, se serrèrent jusqu'à lui faire mal. Son esprit venait de se révolter en prenant étrangement conscience d'une *voix intérieure* qui n'avait rien de commun avec sa propre volonté! Aux ordres de la « voix », il avait lutté avec toute son énergie maix « ceux » qu'il savait subconsciemment être « les Maîtres Inconnaissables » l'avaient vaincu, dominé et s'étaient exprimés *par sa bouche!* Comment avait-il pu en prendre conscience? Apitoyé, il regardait la jeune fille. Maintenant, il savait qu'elle aussi dépendait d'une volonté *extérieure*. Il s'approcha d'elle, oubliant ceux qui l'entouraient, et la prit dans ses bras à l'instant précis où elle reprenait contact avec la réalité. Claude Palmer, désemparée, fondit en larmes et laissa aller sa tête contre l'épaule du physicien. Celui-ci savoura la fragrance de « Guirlandes », son eau de toilette et il lui caressa les cheveux, tandis qu'elle murmurait, angoissée :

– J'ai eu... une crise, n'est-ce pas?

– *Nous* avons eu ce que vous appelez une crise, corrigea-t-il.

– Vous... *aussi?* fit-elle, sidérée. Auriez-vous, comme moi parfois, prononcé des mots incompréhensibles?

– Oui, le professeur Bentos également. Mais si, dans notre état normal, ces mots nous semblent incompréhensibles, durant nos « crises », nous devons parfaitement les comprendre. Je ne sais trop pourquoi mais, subconsciemment, j'ai l'obscure souvenance d'un ordre... en rapport avec vous-même.

– Je suis effrayée, Laimon, terrorisée par l'atroce appréhension de perdre définitivement le contrôle de mes actes ou de mes paroles. Si cette chose devait se produire, j'aimerais mieux... mourir!

Il la serra sur sa poitrine, sans parler, et elle lui rendit son étreinte, s'accrochant à sa présence, à sa compréhension et à l'infortune qui désormais les unissait. Ceux qui, bouleversés, faisaient cercle autour d'eux, se sentaient gênés, confus d'assister involontairement à ces confidences douloureuses. Claude Palmer se dégagea doucement et se tourna vers le psychanalyste, l'implorant presque :

– Vous êtes venu ici pour étudier mon cas, observer mes réactions anormales sous l'emprise d'une influence psychomotrice que je ne parviens pas à m'expliquer. Vous avez maintenant deux autres « patients » : Laimon et le professeur Bentos. Espérez-vous nous... sauver?

– Vous sauvez? Diable, Claude! s'exclama-t-il familièrement. Vous ai-je laissé entendre que votre cas était désespéré? Non. Certes, vous présentez des troubles... psychiques, mais cela ne vous enlève nullement votre bon sens. La plupart du temps, vous, Brown et le professeur Bentos êtes tout à fait normaux.

– La plupart du temps! s'emporta le géophysicien. En fait, n'ayons pas honte de l'admettre, durant une autre partie du temps, nous nous conduisons comme des détraqués! Franchement, Richardson, considérez-vous cette forme étrange de « névrose » comme étant... curable?

– D'abord, répliqua prudemment le psychanalyste, en dépit des apparences, rien ne nous autorise à affirmer qu'il s'agisse d'une névrose. Ensuite, je ne puis tirer aucune conclusion en aussi peu de temps. Je dois suivre l'évolution du phénomène chez vous et chez le professeur Bentos... et ce pendant plusieurs semaines au moins avant de pouvoir établir un diagnostic.

– Voici près de deux ans que vous suivez le cas de Claude Palmer! s'exaspéra-t-il. En êtes-vous pour autant plus renseigné? Devons-nous, nous aussi, nous plier à une surveillance sempiternelle?

Je ne suis ni psychanalyste ni psychiatre, docteur Richardson, mais j'ai pourtant la conviction qu'un dérangement cérébral ne provoquerait pas, en nous, de telles réactions... Sincèrement, comment aurait-on appelé notre cas, au Moyen Age par exemple?

– Je ne comprends pas, Brown, biaisa-t-il en s'efforçant de ne pas trahir son inquiétude en face de cet homme dont la perspicacité semblait prête à percer à jour une partie du mystère.

– Si. Vous devez comprendre où je veux en venir. Pareil comportement, chez une personne sensée pourrait s'appeler... *possession démoniaque!*

– Vous versez dans la plus ridicule des superstitions! se défendit le psychanalyste. Ceux que jadis l'ignorance populaire qualifiait de « possédés » n'étaient autre que de malheureux névrosés, mystiques ou non. Tel n'est pas votre cas... Possession démoniaque! redit-il en haussant les épaules. Allons donc, les prétendus « démons » sont morts avec l'obscurantisme de nos aïeux.

– Mais ils ont pu revivre avec l'apparition récente des *Ukumar Zupai*, argua sombrement le professeur Bentos.

CHAPITRE VII

Tout semblait dormir dans le baraquement des anthropologistes. En fait, seuls Ortego, Da Selva et Claude Palmer s'étaient couchés depuis une heure. Toby, le jeune chow-chow, se contenta d'ouvrir un œil à l'animation silencieuse qui régnait maintenant dans la grande pièce.

Laissant Max Hall et Peter Wilcox avec pour consigne de veiller durant leur absence, le psychanaliste, Jeff Anders, Orlando et Ortiz, chaudement emmitouflés dans leurs combinaisons polaires blanches et non plus bleu sombre, sortirent, armés chacun d'un fusil à gaz et d'une torche électrique. Richardson emportait en outre sous son bras un porte-documents en matière plastique.

Dans le ciel splendidement dégagé brillait la lune. Sous sa lueur cendrée, la Puna de Atacama prenait l'aspect d'une banquise limitée à l'ouest par une formidable barrière au scintillement bleuté. La masse sombre du camp voisin tranchait durement sur la morne étendue laiteuse. Nulle lumière ne brillait aux fenêtres. Un par un, dans le plus parfait silence, les quatre hommes se glissèrent dans le hangar C qu'une dizaine de mètres séparaient du baraquement principal.

– Sarmiento? chuchota le psychanalyste.

– Par ici, exhala une voix étouffée en même temps qu'au fond du vaste hangar s'éclairait une pâle clarté.

Guidés par la lueur d'une torche masquée par un mouchoir, les nouveaux venus avancèrent à tâtons et découvrirent le météorologiste et le professeur Howard Laker dissimulés par un empilement de caisses et de fûts de mazout. Tous s'accroupirent en cercle sur le plancher de bois à revêtement isothermique et leurs regards convergèrent vers le psychanalyste. Celui-ci fit glisser la fermeture Éclair de son porte-documents pour en retirer une liasse de feuillets et de photographies qu'il retourna – dos en l'air – sur ses genoux. Une torche électrique voilée dispensait sur le sol une lumière anémique.

– En vous réunissant ici, à l'abri des oreilles et regards indiscrets, commença Richardson, mon but est de vous dévoiler un secret que les gouvernements ont, depuis deux ans, jalousement gardé. Et ils n'ont pas eu tort. Sa divulgation n'irait pas sans créer certains troubles chez plus d'une personne bien équilibrée! Le point de départ de cette affaire se situe deux ans en arrière.

« A cette époque, Claude Palmer participait à

une mission d'étude anthropologique au Népal, dans une contrée voisine du Gaurisankar et du Kangchenjunga. Le but de cette mission était de recenser et étudier minutieusement les tribus primitives vivant au sud du Kangchenjunga, proche des rivières Kosi et Aroum. A plusieurs reprises, Claude Palmer et ses collègues relevèrent les traces mystérieuses des Yétis, nom tibétain des Abominables Hommes des Neiges. Une fois, même, leurs énormes empreintes avaient été vues à proximité du camp de base, en cette région des plus froides du globe.

« Une semaine avant la date prévue pour leur retour, Palmer et l'un de ses compagnons – l'ethnographe Ned Hillman – quittèrent le camp à l'aube pour rejoindre une équipe opérant dans le dernier village – quelques huttes ou masures misérables – d'indigènes vivant non loin de la rivière Kosi. La mission avancée, ne les voyant pas venir, envoya un ethnographe et cinq sherpas à leur rencontre. Après une pénible journée de recherches dans les glaciers himalayens, ceux-ci devaient découvrir Claude Palmer inanimée dans la neige. L'on releva autour d'elle de nombreuses empreintes de pieds nus géants. Le corps de Ned Hillman fut découvert trois cents mètres plus bas. Il avait roulé sur la pente neigeuse et s'était fracturé le crâne sur une arête tapissée de glace. Sa mort dut être instantanée.

« Peu avant de reprendre connaissance, Claude Palmer balbutia des paroles incompréhensibles, incohérentes, que ses sauveteurs ne surent répéter. Elle fut incapable d'expliquer l'origine de son « malaise » et ne se souvint pas de s'être évanouie. Partie à l'aube du camp de base, elle avait été découverte à la tombée du jour sans pouvoir se souvenir de ce qui s'était passé durant ces quinze heures. Il est impensable d'imaginer qu'elle ait pu rester évanouie dans la neige aussi longtemps. Son organisme n'aurait pu résister à la température rigoureuse qui régnait sur ce glacier. Revenue à elle, seule une sorte de migraine subsista pendant encore une heure ou deux et, dans le courant de la nuit, elle s'endormit, tout à fait rétablie.

« Le cadavre de Ned Hillman fut ramené à Katmandou et, de là, transporté à Calcutta où des médecins l'examinèrent avant de délivrer le permis d'inhumer. Or, en procédant à cet examen, ils eurent la stupeur d'apercevoir, émergeant de la fracture osseuse occasionnée par la chute, un curieux rectangle ou parallélépipède extra-plat d'apparence métallique logé dans la région du lobe pariétal ! Dépassés par cette découverte, les deux médecins chargés de l'examen du cadavre signalèrent la chose aux autorités et firent appel à un physiologiste et un neurochirurgien. Ces derniers procédèrent à l'extraction de ce corps étranger : une plaque de quatre centimètres sur trois, épaisse de trois millimètres. Des bords de cette « plaque » émergeaient de multiples fils microscopiques – apparemment chromés – *plongeant cha-*

cun dans une zone déterminée du cerveau de la victime! zones présidant aux sens de l'ouïe, de la vue, du toucher, de la parole, etc.

« Cette constatation bouleversa les cliniciens. Les autorités, perplexes, décidèrent de ne point communiquer la nouvelle à la presse, attendant les rapports des experts avant de décider de la suite à donner à cette singulière affaire. Une étude poussée de la plaque en question révéla qu'elle n'était pas métallique mais faite d'une matière *inconnue* s'apparentant aux résines méthacryliques ou, plus exactement, au polyméthacrylate de méthyle. Cette dernière résine, chimiquement inerte, inaltérable, sert à la fabrication d'éléments de prothèse à inclusion profonde, savoir, des pièces de remplacement, partiel ou total, de certains os du corps humain accidentellement détruits. Cette plaque mystérieuse, inexplicablement logée dans la boîte crânienne de l'ethnographe, révélait une contexture bizarre. Très malléable mais résistante, elle fut tranchée en deux dans le sens de l'épaisseur, Là, une nouvelle énigme attendait les neurochirurgiens qui durent faire appel à la science électronique. En effet, la séparation montrait un inextricable enchevêtrement de filaments microscopiques, de minuscules rectangles, de cônes brillants d'un ou deux millimètres de base ou de côté, épais d'un dixième de millimètre, entre autres pièces ou organes infinitésimaux.

« Les électroniciens ne comprirent point la

fonction de tous ces organes, chef-d'œuvre d'une microtechnique dépassant – et de loin – tout ce qui avait été réalisé à ce jour, mais ils acquirent pourtant la certitude que cette plaque minuscule était une sorte d'émetteur-récepteur muni d'un circuit bizarre, peut-être d'amplification. Nul n'a jamais pu le faire fonctionner. Il puisait vraisemblablement son énergie dans les ondes même du cerveau, c'est-à-dire dans les échanges énergétiques entre neurones! Cet appareil, en contact direct avec les principaux centres du cerveau, captait les diverses sensations du sujet – visuelles, auditives, tactiles, olfactives ou autres – les amplifiait et les renvoyait... *à l'extérieur!*

– A l'extérieur? fit avec scepticisme le professeur Laker.

– Laissez-moi le temps de m'expliquer, reprit en chuchotant le psychanalyste. Les sensations du sujet – l'ethnographe mort au Népal – étaient captées par cet appareil *intracrânien* et, transformées en ondes hertziennes ou autres, elles étaient *réémises* pour être captées par un récepteur – situé Dieu sait où! – lequel reproduisait soit les paroles du sujet, soit ses propres pensées ou sensations. Mais l'émetteur-récepteur intracrânien devait également recevoir, *de l'extérieur*, des impulsions excitatrices qui, influençant le cerveau du sujet, devait amener ce dernier à agir, penser et parler selon la propre volonté de «*celui*» qui commandait à l'appareil!

– Doit-on véritablement en conclure que cet

ethnographe n'agissait plus de sa propre initiative mais qu'il obéissait à une volonté *étrangère à la sienne?* sursauta Sarmiento, ébahi.

– Oui, nous devons l'admettre car cela *est,* affirma Richardson. Une volition *extérieure,* par l'entremise de ce diabolique appareil intracrânien, s'était substituée à celle de Ned Hillman. Sans l'accident mortel dont il fut victime, nous ne l'aurions peut-être jamais su!

– Mais quel rapport y a-t-il – si rapport il y a – entre les *Ukumar Zupai* et cette découverte d'un émetteur-récepteur de nature inconnue dans le crâne de ce malheureux? s'informa Orlando.

– Le rapport existe, nous en sommes convaincus. Il nous reste cependant à le déceler. Nous sommes persuadés que les Yétis sont incapables d'avoir conçu un tel appareil dont la réalisation implique la possession de connaissances techniques fantastiquement supérieures aux nôtres. Il est tout aussi impossible de prêter à ces êtres géants et primitifs une science neurochirurgicale témoignant d'un tel degré de perfection. Car, ne l'oublions pas, cet émetteur-récepteur, chef-d'œuvre de *subminiaturisation,* était relié par des fils microscopiques aux zones du cerveau présidant à une fonction déterminée. Outre une science chirurgicale très poussée, cela implique aussi d'extraordinaires connaissances en matière d'asepsie et de psycho-biologie humaine. Nous sommes certains que cet émetteur-récepteur très spécial fut introduit dans le crâne de la victime *le jour même de son accident!* En d'autres termes, cette trépanation non seulement n'a nécessité aucun pansement mais, aussi, n'a laissé aucune trace ou cicatrice dans le cuir chevelu! Ned Hillman ne portait la marque d'aucun champ opératoire où les cheveux auraient dû être rasés.

« Non, les Yétis ne peuvent avoir accompli ces prodiges, pourtant, ils sont intimement mêlés à l'affaire. Vous allez savoir pourquoi. Claude Palmer, deux mois avant de partir au Népal, avait été victime d'un accident d'automobile sans gravité. Néanmoins, souffrant d'un hématome du cuir chevelu, elle avait tenu à se faire radiographier.

Ce disant, il chercha dans ses documents et montra sous le faible éclairage une radiographie crânienne de la jeune fille.

– Vous pouvez le constater, ce cliché est net de toute tumeur, fracture ou trace suspecte. Or, après la mort de Ned Hillman, nous avons non seulement soumis Claude Palmer à un examen psychophysique poussé – pour dépister l'origine de son étrange comportement – mais nous avons également procédé sur elle à une radiographie crânienne dont voici le résultat.

Prenant la torche en main, il la plaça derrière un nouveau cliché. Une exclamation étouffée jaillit simultanément de toutes les bouches. Par transparence, le cliché grisâtre montrait, dans la région du lobe pariétal, une tache noire, parfaitement rectangulaire, de quatre centimètres sur trois. Entre les deux documents la différence apparaissait d'emblée, indiscutable, ahurissante dans toute sa signification.

– Ces deux radiograhies, prises à trois mois d'intervalle, sont éloquentes, n'est-ce pas? Claude Palmer est, elle aussi, sous l'emprise de ce diabolique appareil! Depuis deux ans, sans que le moindre soupçon l'ait effleurée, ses pensées, ses paroles, ses réactions et ses actes sont contrôlés – ou commandés – *par une volonté autre que la sienne!* Lorsque ses pensées, paroles ou actes, n'intéressent pas « celui » ou « ceux » qui les contrôlent, son comportement est tout à fait normal. Mais qu'un élément intéressant particulièrement son « Maître » vienne à être abordé par son cerveau, le contrôle reprend et elle sombre dans une sorte d'apathie *inconsciente* où elle agit sous la coupe de ce « *Maître* » inconnu.

« Pendant ces deux années, nous avons, à son insu, soumis cette jeune fille à une surveillance de tous les instants. Son appartement, les lieux qu'elle fréquentait – musées, universités, laboratoires – furent discrètement transformés en véritables « observatoires » truffés de microphones, magnétophones et télécaméras. Ce viol constant de son intimité, s'il paraît de prime abord révoltant, était nécessaire. Nous devions nous efforcer, sans qu'elle s'en doutât, de découvrir ce qui, dans son comportement, ses paroles ou ses pensées, motivait l'entrée en action de son émetteur-récepteur intracrânien. Le changement immédiat de son expression, l'atonie subite de son regard et le flot de paroles incompréhensibles trahissaient instantanément chez elle la rupture de sa volonté alors supplantée par *l'autre!* Nous avons pu ainsi nous rendre compte que chaque fois qu'elle étudiait un problème scientifique, qu'elle s'entretenait avec des spécialistes touchant de près sa spécialité, son expression se modifiait insensiblement. Tant que durait son entretien ou son étude d'un problème particulier, seule son attitude paraissait un peu « absente »; ensuite, alors que ses pensées vagabondaient sur le sujet traité, son regard devenait atone et elle demeurait apparemment étrangère à son entourage. La plupart du temps, en présence d'autrui, elle ne prononçait aucune parole incohérente. Ce phénomène se produisait surtout lorsqu'elle était seule, chez elle ou dans un laboratoire. Là, en l'absence de témoin, elle débitait un flot de mots absolument intraduisibles, semblant entretenir une mystérieuse conversation avec l'invisible! Les rares témoins de son singulier comportement n'osèrent point la considérer comme folle; il s'agissait là pour eux d'une manie, peut-être d'une forme particulière d'excentricité, voire d'un effet consécutif à un surmenage intellectuel. Se conduisant d'ailleurs tout à fait normalement durant la majorité du temps, elle ne fut jamais contrainte d'abandonner son poste et poursuivit ses travaux anthropologiques qui, du reste, font autorité.

« Cependant, un tel comportement ne pouvait

laisser les autorités indifférentes. Un cas rigoureusement analogue à celui de Mlle Palmer ayant été découvert en Argentine, une commission d'étude internationale aux pouvoirs très étendus fut secrètement constituée pour percer le mystère de ces incroyables... " possessions démoniaques ", pour reprendre les termes, assez proches de la vérité, de Laimon Brown.

– Vous pensez donc, pâlit le professeur Laker, que Laimon est, lui aussi, soumis à un tel contrôle?

– Je ne le pense pas, professeur, j'en suis sûr. Brown et Bentos, enlevés et ramenés par les *Ukumar Zupai,* ont subi la même opération que celle qui fit de Claude Palmer un sujet psychiquement dominé par une volonté extérieure. Nous pouvons également tenir pour certain que les trois derniers disparus – Novilla, Lovello et Puerta – lorsque nous les retrouverons, seront à leur tour contrôlés par le même appareil intracrânien! Mais revenons au cas découvert en Argentine.

« Tandis que Palmer effectuait des recherches anthropologiques, un autre de ses collègues britanniques – le docteur John Barnet – participait à une mission anglo-américaine opérant dans les Andes, à l'ouest des villages de Tolar Grande, Curu-Curu et autres de la Provincia de Salta, à savoir non loin d'ici. John Barnet disparut précisément dans le glacier d'El Macon où, ce matin, votre équipe, professeur Orlando, aurait été enlevée elle aussi par les Yétis si nous n'étions pas intervenus à temps. On le découvrit après douze heures de recherches, inanimé, dans une crevasse de faible dimension. Des empreintes de pieds nus, gigantesques, furent relevées dans la neige aux abords de la crevasse. Je ne vous décrirai pas la suite de l'histoire, réplique fidèle de celle de Claude Palmer. Depuis ce jour, nanti d'un appareil intracrânien, John Barnet n'est plus le même homme. Nous l'avons, tout comme Palmer, soumis à une surveillance sans relâche et avons acquis la certitude de sa domination psychique. C'est pourquoi, au Népal où il effectue présentement des recherches, un psychanalyste de mes amis le surveille étroitement. Il ne se doute point, pas plus qu'ici Claude Palmer ne s'en doute, de tout ce qu'a appris la formidable organisation internationale « Diego » à laquelle j'appartiens. Notre espionnage nous permettra d'établir quel rôle exact tous deux sont en train de jouer dans ce problème.

« L'organisation " Diego ", outre la surveillance discrète qu'elle exerce sur eux, les a par ailleurs chargés de découvrir – autant que faire se peut – le repaire des Yétis au Népal et dans la Cordillère des Andes. Ce double jeu s'explique : nous croyons que les pensées de John Barnet et Claude Palmer, contrôlées par des... " Maîtres " inconnus, inciteront peut-être ces derniers à commettre une faute qui trahira, soit leurs intentions, soit l'emplacement de leur tanière... Car ces " Maîtres " ne peuvent ignorer le but poursuivi –

au Népal et ici – par leurs sujets, savoir, la mise à jour de leur retraite. Et “ ils ” commencent à s'en inquiéter. En enlevant successivement les membres du camp géophysique et ceux du camp anthropologique – tentative, du reste, pour ce dernier – “ ils ” espèrent peu à peu nous éliminer tous en nous logeant dans le crâne un de leurs fantastiques appareils de contrôle psychique.

« Imaginez le résultat de notre mission secrète si, d'aventure, leurs projets étaient couronnés de succès! Nous serions transformés en simples “ sujets ” dociles à leur volonté et agirions la plupart du temps sous leur contrôle! Revenus de notre mission, nous déclarerions d'un air navré notre échec et proclamerions bien haut la vanité des recherches quant aux Abominables Hommes des Neiges, créatures que nous présenterions comme une espèce d'ours des glaces ayant jusqu'alors échappé aux explorateurs. Le tour serait joué. Les expéditions ultérieures connaîtraient vraisemblablement le même sort, leurs membres revenant bredouilles... mais avec, dans leur crâne, un effrayant appareil espionnant leurs actes et leurs pensées.

– Mais enfin, chuchota le professeur Laker, puisque les *Ukumar Zupai* de la cordillère andine et les Yétis de l'Himalaya sont en somme des êtres primitifs inconnus – plus proches de l'animal que de l'homme – quel rôle peuvent-ils jouer dans ce drame complexe?

– C'est précisément ce que notre organisme

« Diego » s'efforce de déterminer. Si leur rôle se borne à enlever des humains isolés dans leur domaine glacé, *qui* les prend ensuite en main pour se livrer sur leur personne à cette machiavélique opération du cerveau? Et ce, dans quel but final? Tout est là. Les quatre Yétis que nous eûmes la chance de capturer nous fourniront peut-être une réponse à ces questions. Présentement, à notre base internationale établie près de Salta, des zoologues, physiologistes, neurologues et neurochirurgiens dissèquent deux d'entre eux. Les autres créatures sont soumises à des tests devant déterminer leur quotient d'intelligence...

Enrico Sarmiento éteignit brusquement la torche électrique. Les respirations semblaient s'être arrêtées. Nul n'osait troubler le silence pour s'enquérir du motif de cette alerte. Un léger grincement, à l'autre extrémité du hangar, accompagna l'ouverture de la porte. Une faible clarté dissipa les ténèbres et des ombres indistinctes se profilèrent sur le mur de gauche. Un bruit de voix étouffé leur parvint. Richardson et ses compagnons se hissèrent sur la pointe des pieds pour risquer un coup d'œil par-dessus l'empilement des caisses de vivres.

Stupéfaits, ils reconnurent Laimon Brown et Claude Palmer, emmitouflés dans leurs combinaisons polaires et conversant à voix basse dans une langue inconnue. Le géophysicien avait accroché au mur sa torche électrique masquée par un mouchoir, puis il s'était tourné vers la jeune fille. Face à face, les bras le long du corps, le visage bizarrement inexpressif, ils parlaient calmement, d'un ton rauque, et semblaient n'accorder aucune attention particulière à leur conciliabule. On eût dit qu'ils débitaient un monologue chacun pour soi, sans se soucier si cela offrait le moindre intérêt pour l'autre. Cet étrange colloque en langage incompréhensible se poursuivit pendant un quart d'heure puis ils se turent et se placèrent, côte à côte, face à la porte du hangar.

Au bout de quelques minutes, celle-ci s'ouvrit lentement et, silhouettées sur la blancheur du paysage d'arrière-plan, on vit apparaître, dans l'encadrement de la porte, deux jambes colossales, velues, au pelage hirsute et sombre imparfaitement éclairé par la torche au faisceau dirigé vers le sol. Derrière leur paravent de caisses et de fûts, les six hommes durent déployer un prodigieux effort de volonté pour surmonter leur émotion. Un frisson de terreur les secoua et le docteur Richardson craignit un instant que l'un d'entre eux ne se laissât aller à un acte déraisonné commandé par la peur. Disciplinés, mais le cœur battant la chamade, ses compagnons calquèrent leur comportement sur le sien et s'abstinrent de bouger, demeurant calmes en dépit de la folle envie qu'ils avaient de tirer sur les monstrueuses créatures. Car le Yéti n'était plus seul. Avec un autre de ses congénères, il venait de pénétrer dans le hangar en se mettant à quatre pattes.

Hauts de 3,50 m environ, ils ne pouvaient se tenir debout dans ce hangar au plafond bas et s'étaient assis sur leurs talons, à deux pas de Claude Palmer et Laimon Brown. Le couple demeurait impassible et muet devant ces êtres titanesques qui les regardaient de leurs yeux énormes. L'un des *Ukumar Zupai* articula quelques mots d'une voix caverneuse – mots que les six hommes aux aguets ne purent comprendre – et, d'un même geste, lui et son semblable tendirent leurs mains, présentant chacune un objet dont Claude Palmer et Laimon Brown se saisirent. Ce manège accompli, les deux Yétis se remirent à quatre pattes, franchirent le seuil du hangar et, se mettant debout, ils s'éloignèrent de leur démarche curieusement élastique vers le sud, en direction du glacier d'El Macon.

Laimon Brown referma la porte, après quoi, avec la jeune fille, il marcha, raide, vers un angle du hangar. Tous deux se mirent à genoux. Courbés vers le sol, ils se livrèrent à une mystérieuse occupation avant de retourner prendre la place où les avaient trouvés les Yétis.

Au bout d'une minute, le masque figé du géophysicien s'anima. Il cilla et porta la main droite à son front cependant que le bruit de sa respiration devenait perceptible à ceux qui l'épiaient. Près de lui, Claude Palmer fit le même geste et poussa un petit cri en promenant autour d'elle un regard apeuré :

– Oh! Laimon! Vous m'avez fait une peur

affreuse. Mais... que faisons-nous là, vous et moi?

Aussi décontenancé qu'elle, le géophysicien ne sut que répondre.

– C'est horrible, Lai! sanglota la jeune fille en se blotissant spontanément contre sa poitrine. Voilà que *cela* nous a repris! Nous avons dû être victimes d'une crise et avons été poussés à nous retrouver ici, dans ce hangar froid et désert. Oh! Laimon! Je ne supporterai pas de vivre avec cette hantise de commettre des actes incontrôlés!

Il l'entoura doucement de ses bras en murmurant :

– Cet après-midi, Claude, à la suite de notre première... « crise », je vous ai prise dans mes bras, tout comme maintenant, et je fus sur le point de vous embrasser...

Elle leva vers lui ses yeux emplis de larmes et une flamme brilla dans son regard.

– Oui, Lai, nous avons « failli » nous embrasser...

– Un trouble affectif naquit donc en nous. N'aurions-nous pas agi ce soir inconsciemment sous l'effet de ce... sentiment naissant?

Elle appuya sa joue contre la sienne :

– Si telle pouvait en être la raison, chéri, ou si nous n'étions simplement que... somnambules! Mais c'est impossible et vous ne le croyez pas vous-même...

– Non, Claudy, avoùa-t-il, je ne crois vraiment pas.

– Mon Dieu! Qu'allons-nous devenir, *anormaux* à ce point parmi les gens normaux qui nous prendront pour des déséquilibrés lorsqu'ils nous entendront parler cette langue inconnue ou s'apercevront que, parfois, nous demeurons à demi inconscients pour débiter ensuite d'un ton rauque d'incompréhensibles paroles?

– Je ne sais pas..., pas plus que je ne sais où ma proposition nous conduira, chérie, mais... voulez-vous m'épouser?

Elle lui donna un long baiser avant de balbutier :

– Je... je serais très très heureuse, Lai, de devenir votre femme. Nous marier ne nous mènera sûrement pas à une guérison, mais nous pourrons réciproquement nous... surveiller. Si nos crises ne sont pas synchronisées, peut-être pourrons-nous, l'un ou l'autre, nous éviter de commettre des actes désordonnés...

– Nous vivrons à la campagne, loin du monde et nous nous soumettrons régulièrement à l'examen des psychiatres ou des psychanalystes qui, à la longue, nous rendront peut-être à notre état normal.

– Oui, chéri, nous devons nous attacher farouchement à cet espoir. Richardson, qui depuis deux ans suit l'évolution de mon cas, pourra aussi suivre le vô... le tien, Lai... C'est étrange, mais je n'arrive pas à admettre, pourtant, qu'il s'agisse d'une névrose de type inconnu. Il y a sûrement en toi, en nous, *autre chose* en rapport avec les Abominables Hommes des Neiges, mais quoi?

– Ne désespère pas, Claudy. Notre isolement à la campagne, loin de ces épouvantables créatures, le patient travail d'introspection psychanalytique de Richardson nous rendront probablement, tôt ou tard, à notre état normal... Viens, conseilla-t-il après l'avoir embrassée, je vais te reconduire au camp. Tes compagnons ne doivent pas découvrir ton absence... Cela est tellement humiliant de surprendre leurs regards apitoyés lorsque nous reprenons contact avec la réalité après nos pénibles incohérences!

Les autres attendirent encore quelques minutes, immobiles et silencieux après leur départ, puis ils se dirigèrent prudemment vers l'angle du hangar où le couple insolite avait dissimulé ce que les Yétis leur avaient remis. A cet endroit, le revêtement en matière plastique isothermique du parquet faisait une petite bosse. Richardson s'agenouilla et souleva le coin du revêtement. Sur le parquet de bois se trouvaient deux petits cylindres d'environ sept centimètres de long sur quinze millimètres de diamètre.

– On dirait du velours, au toucher.

– Cela ressemble pourtant à du métal, observa Orlando en prenant l'un d'eux en main. Regardez! s'exclama-t-il en présentant, sur le creux de sa main, l'extrémité du cylindre doté d'un clapet qui, ayant joué, venait de libérer une poudre blanche irisée.

– A quel usage cette mystérieuse substance est-elle destinée?

Orlando récupéra dans le tube la poudre répandue, rabattit le clapet et, se levant, décréta :

– A défaut d'analyse, nous allons risquer une expérience. Venez...

CHAPITRE VIII

Revenus silencieusement au camp de la mission anthropologique et après s'être assurés que, dans sa chambre, la jeune fille s'était endormie, les six hommes éclairèrent une torche électrique voilée par un mouchoir.

Toby, pelotonné près du poêle, cligna des yeux et remua paresseusement la queue en guise de bienvenue.

Dans le coin de la pièce servant de cuisine, le professeur Orlando vida du lait condensé dans une assiette en matière plastique. A la vue de ce manège, le jeune chow-chow dressa vivement la tête, complètement réveillé, et se mit sur ses pattes, humant et reniflant en direction de la boîte de lait. Après avoir délayé l'épais liquide avec de l'eau chaude, le chef de la mission y ajouta une cuillerée de la mystérieuse poudre blanche.

– Vous allez donner cette mixture à Toby? s'inquiéta Ortiz. Si elle devait s'avérer toxique...

– Préférez-vous en faire l'essai sur vous-même? Les Yétis poursuivaient un but bien défini en confiant cette substance à Mlle Palmer et Laimon Brown. Qui vous dit qu'en état de suggestion mentale, ces malheureux n'ont pas reçu l'ordre de nous empoisonner? J'aime, autant que vous pouvez l'aimer, ce brave Toby, mais je préfère – et de beaucoup – le sacrifier plutôt que de devoir assumer la responsabilité de notre perte.

Le sémantiste hocha la tête, se rangeant évidemment au sage raisonnement de son chef. Ce dernier déposa sur le parquet l'assiette de lait mélangé à une partie de la poudre blanche et, aussitôt, le chien se précipita, tout frétillant, pour venir en lamper le contenu. Avec un clapotis sonore, Toby ingurgita le liquide en témoignant à son maître les marques d'une vive satisfaction. L'assiette léchée et reléchée, le chien vint frotter son museau contre les genoux de l'anthropologue qui caressa affectueusement son épaisse crinière fauve.

Soudain, sans un gémissement, Toby s'écroula sur les pieds de son maître. Celui-ci ne put réprimer un sursaut. Les yeux fixés sur l'animal, il caressa lentement son corps inerte et se décida à le soulever pour le déposer sur la table où il l'allongea sur le dos en le maintenant par les pattes.

Le docteur Richardson appliqua sa main droite sur le cœur de l'animal pendant une minute et murmura :

– Je peux évidemment me tromper, mais ce chien n'est qu'endormi, profondément endormi. Sa respiration est régulière; son cœur ne bat pas à un rythme précipité. S'il s'était agi d'un poison, l'effet, selon toute vraisemblance, eût dû être foudroyant. Néanmoins, attendons encore quelques heures avant de nous prononcer...

Nerveux, impatients ou angoissés, ils s'assirent autour du feu, jetant de fréquents regards sur Toby dont les flancs se soulevaient et s'abaissaient au rythme de sa respiration apparemment normale. Richardson vida le contenu des deux tubes grisâtres dans une boîte ronde en matière plastique et la fourra dans sa poche après avoir déposé les tubes vides sur la table, à côté du chien endormi.

– Demain, chuchota-t-il à l'adresse de Peter Wilcox, vous porterez cette substance à la base « Diego » pour qu'elle y soit analysée.

Durant trois longues heures, les hommes demeurèrent attentifs aux moindres réactions du chow-chow mais celui-ci ne manifestait aucun signe de souffrance. Couché sur le côté, il ronflait paisiblement. Secoué, mis en présence d'un morceau de lard, un sucre glissé entre ses babines bleuâtres, il demeurait amorphe, insensible à toute excitation. A 4 heures, le docteur Richardson quitta sa chaise pliante. Il fit quelques pas dans la pièce, alluma une M.S. et rompit le silence :

– Je crois qu'il n'y a plus de doute. Cette

poudre est un puissant somnifère... qui nous était destiné. En le confiant à Claude Palmer et Laimon Brown sous contrôle mental extérieur, les Yétis leur ont à coup sûr ordonné de le mêler à nos aliments. Ai-je besoin de préciser le sens de cette manœuvre?

– Les *Ukumar Zupai* projetteraient donc de nous enlever... tous! s'exclama le professeur Howard Laker, sidéré.

– Je ne vois pas d'autre hypothèse...

Le visage du psychanalyste s'éclaira tout à coup et, dans un sourire rusé, il ajouta :

– Mais voilà un excellent moyen pour nous de découvrir la retraite de ces créatures des neiges!

Les autres le considérèrent avec anxiété et le professeur Orlando s'informa :

– Vous n'envisagez tout de même pas de laisser ce somnifère tomber aux mains de Claude Palmer et Brown afin qu'ils nous expédient pour un temps dans les bras de Morphée?

– Me prenez-vous pour un imbécile, cher professeur? sourit le psychanalyste. Nous allons replacer ces tubes où nous les avons pris, cependant, la poudre blanche que nous aurons substitué à leur contenu d'origine sera tout simplement... du bicarbonate de soude! Cela facilite la digestion mais n'ôte pas le jugement! Nous devrons naturellement surveiller les faits et gestes de Claude Palmer et Laimon Brown afin de savoir exactement quand nous devrons commencer à jouer la comédie. Sitôt qu'ils auront mélangé la fausse « poudre blanche » à nos aliments, et après en avoir mangé, nous devrons simuler un état de sommeil profond et quasi instantané. Vous pouvez être certains qu'avant longtemps les Yétis se montreront pour venir enlever nos corps soi-disant endormis!

– Ce stratagème est ingénieux. Mais ne craignez-vous pas que cela ne nous conduise à de très gros déboires? objecta Orlando. J'imagine que nous aurons eu préalablement le soin de dissimuler chacun une arme, néanmoins, aurons-nous la possibilité de nous en servir?

– Mon plan comporte évidemment des risques – et non des moindres – mais nous allons nous ménager une couverture efficace en alertant la base « Diego », située à seulement cinquante kilomètres de notre position. Il nous faut pour cela disposer d'un sursis de vingt-quatre heures ou, tout au moins, de la journée déjà commencée. Après quoi, nous pourrons agir.

– Je veux bien, ironisa l'anthropologue, mais comment savoir si ce satané somnifère – ou plutôt ce bicarbonate de soude! – ne va pas nous être administré au petit déjeuner?

– Rien à craindre de ce côté-là. Ce « somnifère » ne sera mêlé à notre boisson ou nos aliments que si Claude Palmer – ici – et Laimon Brown – au camp voisin – peuvent s'assurer que nous sommes *tous* présents, ceci afin de nous plonger *tous* et *simultanément* dans un profond sommeil. Or, si plusieurs d'entre nous s'abstentent des deux camps, ceux qui contrôlent l'esprit de leurs victimes seront bien obligés de remettre à plus tard leur tentative, attendant de nous voir de nouveau réunis pour nous expédier au royaume des songes!

« Nous les forcerons à nous accorder ce sursis en partant, tout à l'heure, vers la base " Diego " que je vais alerter. Claude Palmer et Laimon Brown, à leur réveil, apprenant notre départ ne bougeront pas. Leurs " Maîtres " s'abstiendront de leur commander d'user du somnifère.

– C'est effrayant de songer que ces malheureux sont à cent lieues de soupçonner le rôle que ces monstres vont leur faire jouer! gronda le professeur Laker.

Le chef de la mission anthropologique s'empressa de remplir les tubes avec du bicarbonate de soude avant de les confier à Sarmiento qui, armé d'un fusil à gaz et escorté par Ortiz, alla les replacer subrepticement dans le hangar où ils avaient été trouvés.

Entre-temps, Richardson s'installa devant les commandes de l'émetteur-récepteur à fréquences variables et posa sur sa tête un casque à écouteurs pour éviter de faire fonctionner le haut-parleur dont le bruit aurait donné l'éveil à la jeune fille endormie. Le contact établi, l'Américain relata brièvement leur étonnante aventure nocturne avant d'annoncer leur intention de se rendre à la base dans l'heure à venir.

A son grand étonnement, il apprit de « Diego »

que les mêmes événements s'étaient produits au sein de la mission anthropologique établie au Népal. Plusieurs membres de cette mission et de celle des géophysiciens avaient été enlevés par les Yétis. John Barnet, victime innocente tombée sous la coupe des Abominables Hommes des Neiges, avait lui aussi reçu de ces derniers deux cylindres identiques renfermant le même somnifère auquel l'on avait également substitué une autre poudre blanche, inoffensive, celle-là. Ces événements incitèrent le psychanalyste mis en place dans les camps népalais à imaginer un stratagème analogue à celui de son confrère Richardson.

– C'est étrange, commenta celui-ci après avoir rapporté sa conversation radiophonique à ses compagnons. Les Yétis himalayens et les *Ukumar Zupai* de la Cordillère des Andes semblent agir tout comme s'ils s'étaient préalablement concertés pour mettre au point une série d'actions parfaitement synchronisées...

– N'est-il pas absurde de prêter une fois encore à ces créatures une intelligence dont elles semblent a priori dépourvues?

– Bien des faits, dans cette affaire, paraissent absurdes ou impensables et pourtant, ne les avons-nous pas dûment constatés?

« Allons, mes amis, il nous faut partir avant le réveil de Claude Palmer. Vous, Hall, vous resterez ici pour lui annoncer – ainsi qu'aux géophysiciens – notre départ précipité à la poursuite, par exemple, d'*Ukumar Zupai* aperçus à la limite du plateau. Dites simplement que nous rentrerons très bientôt. Nous trouverons bien une excuse, à notre retour, pour justifier notre longue absence. Nous emmènerons avec nous Da Selva et Ortego qui, à bord de l'hélico, seront mis au courant de ce que nous leur avons caché.

Sarmiento et Ortiz venaient de rentrer, cependant que le zoologue Da Selva et l'ethnographe Ortego étaient réveillés par leur chef de mission. Tout en s'habillant, assez interloqués, ils écoutaient le docteur Richardson expliquer :

– Nul doute que le professeur Bentos – à l'état normal – trouvera vexant de n'avoir même pas été prévenu de notre départ. Il sera en outre furieux contre les membres de son camp qui se seront absentés pour nous accompagner sans son autorisation, mais qu'importe. Plus tard, si nous réussissons et, par ce fait même, le libérons de son entrave psychique, il nous sera reconnaissant de cette entorse à la discipline ou à la plus élémentaire des politesses! Quant à Mlle Palmer et Laimon Brown, notre départ les déconcertera davantage. Or, c'est justement lorsqu'ils l'apprendront que leurs pensées seront captées et transmises par leur émetteur-récepteur intracrânien. Ainsi mis au courant de notre absence, « ceux » qui les dirigent remettront alors à plus tard leurs projets d'enlèvement.

Du dehors leur parvint le grondement de l'hélicoptère mis en marche par Jeff Anders. En hâte, n'ignorant pas que ce vacarme allait réveiller les deux camps, ils sortirent et coururent dans la neige en direction du Puma. Ce dernier, une minute plus tard, prenait l'air et quittait le plateau de la Puna de Atacama en accélérant graduellement cap à l'est. A deux cents mètres du sol l'appareil survola peu après le village de Tolar Grande accroché à quatre cents mètres d'altitude dans les massifs montagneux que traversait – miraculeusement, semblait-il – la voie de chemin de fer. La minuscule gare de Tolar Grande, terminus de la ligne ferroviaire andine, se signalait par l'anémique lueur de deux petits lampadaires dérisoirement éclairés dans la pâleur de l'aube.

Loin déjà de la Cordillère des Andes apparut à l'est le plateau de Salerde de Lerma, large de 3 500 mètres sur 5 000 mètres de long environ. Un groupe de baraquements militaires en occupait la partie nord. Plus au sud, sur une piste de fortune, étaient posés deux F-105 *Thunderchief*, chasseurs bombardiers de l'U.S. Air Force. Les premiers rayons du soleil commençaient à faire miroiter, par endroits, leur carlingue massive et leurs ailes en V partiellement recouvertes de givre.

– Sacrebleu! s'exclama le professeur Howard Laker en contemplant les splendides appareils. Que font-ils ici, ces deux bombardiers?

– Si je vous disais qu'ils prennent le frais, vous ne me croiriez sûrement pas, répondit ironiquement Richardson, signifiant ainsi son désir de laisser la question en suspens.

L'hélicoptère se posa doucement sur le terrain gelé cependant qu'un Dodge fonçait à travers le plateau et, après un virage accompagné d'un dérapage, venait s'arrêter quelque dix mètres plus loin. Le chauffeur, arborant sur son épais blouson de cuir fourré les insignes de l'U.S. Air Force, lança en saluant :

– Le colonel Nollan vous attend.

Montés à bord du véhicule, ils prirent la direction d'un vaste baraquement préfabriqué dont toutes les cheminées fumaient. La lumière brillait à la plupart de ses fenêtres, attestant qu'une grande activité régnait dans la base malgré l'heure matinale. Ils furent introduits dans une pièce douillettement chauffée dont les murs s'ornaient de cartes topographiques et de vues aériennes de la Cordillère andine traversant la Provincia de Salta.

Le colonel Nollan, sanglé dans son élégant uniforme de l'Air Force, contourna son bureau et vint courtoisement accueillir ses visiteurs. Les tempes légèrement grisonnantes, les cheveux ondulés, il offrait cependant un visage jeune que ne démentait pas sa solide carrure. A ses côtés, le commandant Vargas, des forces aériennes argentines, dans son uniforme plus strict, serra cordialement la main aux nouveaux venus. Très brun de teint, les cheveux d'un noir de jais, il accusait une quarantaine d'années.

Ayant présenté ses compagnons, le docteur Richardson exposa en détail l'ensemble de ses projets au colonel Nollan qui indiqua en guise de conclusion :

– Nous aussi avons mis sur pied un plan très précis. Les F-105 sont arrivés hier soir de Patrick Air Force Base; ces bombardiers sont prêts à entrer en action à n'importe quel moment... si cela devenait nécessaire. Mais parlons plutôt du présent, docteur Richardson. Vous et vos amis devez être impatients d'apprendre le résultat de nos recherches.

Il les entraîna à travers les couloirs du vaste baraquement pour pénétrer ensuite dans une immense pièce où un spectacle à la fois macabre et stupéfiant les attendait. Sur deux longues tables massives recouvertes d'un tapis caoutchouté étaient allongées les carcasses de deux *Ukumar Zupai*. Ces gigantesques créatures avaient été dépouillées de leur fourrure par les mains expertes des taxidermistes et leur fantastique musculature apparaissait, gonflant démesurément leur thorax, leurs bras et leurs cuisses rosâtres maculés de sang par endroits. Une odeur écœurante que ne parvenait pas à dissiper celle, irritante, du formol flottait dans l'air. Un groupe d'hommes en blouse blanche, certains gantés de caoutchouc, entourait les cadavres des monstres « écorchés ».

Le colonel Nollan présenta le professeur Haern, éminent neurochirurgien, qui invita ses visiteurs à s'approcher. Ils s'aperçurent alors que la calotte crânienne des colosses – proprement découpée – révélait les circonvolutions complexes de leur énorme cerveau injecté de sang et strié d'une myriade de veinules sombres.

– Effarant! s'exclama Richardson en se penchant vivement sur le crâne ouvert d'un des *Ukumar Zapai.*

Appliquée sur les circonvolutions du lobe pariétal se trouvait une plaquette rectangulaire grisâtre. De ses bords émergeaient des filaments très fins plongeant en diverses parties du cerveau.

– Cela dépasse tout ce que nous aurions pu imaginer! suffoqua-t-il. Un psycho-émetteur-récepteur! Les Abominables Hommes des Neiges sont donc eux-mêmes sous la coupe de ce diabolique appareil? Mais alors, s'ils ne sont pas responsables – et nous le soupçonnions – de l'opération analogue pratiquée sur tous ceux qu'ils ont enlevés, *qui* est à l'origine de cette extraordinaire opération? *Qui* les force à agir? A enlever des humains?

« Ces *Ukumar Zupai* ne sont pas tout à fait des brutes : ils ont un langage articulé. Nous ne le comprenons pas, Mlle Palmer et Laimon Brown semblent parfaitement le comprendre, en état de « crise ». Peut-on admettre qu'une variété de leur espèce a pu atteindre un haut degré d'évolution et les utilisent, eux, comme autant de robots vivants?

– Nous avons fait une constatation troublante,

intervint un autre homme en blouse blanche, le physiologiste Helliot. Leur sang, qui chimiquement présente une grande analogie avec le nôtre, est cependant étonnamment pauvre en globules rouges. Chez l'homme normal, ces globules ou hématies sont au nombre de cinq millions environ par millimètre cube. Et l'on enregistre une augmentation de ce nombre avec l'altitude, ce qui se conçoit parfaitement puisque le corps humain, dans un milieu pauvre en oxygène – et c'est le cas des hautes montagnes andines – doit davantage être alimenté en oxygène de l'air nécessaire à l'organisme.

« Or, les Yétis possèdent un organe complexe qui communique à la fois avec leur estomac et leurs poumons. Cet organe, sorte de poche aux parois spongieuses, a la faculté d'extraire l'oxygène de l'eau, qu'elle soit liquide ou sous forme de glace ou de neige! Ces créatures absorbent donc une quantité d'eau prodigieuse dont elles extraient l'oxygène pour pallier la pauvreté de cet élément aux hautes altitudes. Mais en dépit de ce double cycle d'absorption, la teneur en hématies de leur sang n'excède pas quatre millions d'unités par millimètre cube et ceci à l'altitude de plus de cinq mille mètres où ils vivent. Il est cependant possible que cette faible valeur globulaire, comparativement à celle de l'homme, soit toute naturelle chez ces créatures. Néanmoins, leur constitution, leur processus d'assimilation et de fixation des molécules d'oxygène tendent de plus en plus à nous ancrer fortement dans une conviction... ahurissante.

Il considéra les hommes qui suivaient son exposé avec attention et laissa tomber :

– Oui, les *Ukumar Zupai* ne ressemblent à rien que nous connaissions déjà et nous sommes prêts à admettre qu'ils ne sont pas... *terrestres.*

– Pas *terrestres!* fit en écho l'anthropologiste Orlando, médusé. Ne pensez-vous pas que leur espèce, inconnue à ce jour, pourrait être classifiée parmi celles des androïdes, voire être cataloguée sous l'étiquette « race parahumaine »?

– Hum, rumina le docteur Helliot, si vous voulez; ces Yétis sont para-humains, mais ils ne sont pas apparus sur la Terre : *ils y sont venus!*

Cette affirmation désarçonna les auditeurs du savant qui enchaîna :

– Leur physiologie laisse supposer qu'ils sont originaires d'un monde à l'atmosphère relativement analogue à la nôtre mais, néanmoins, assez pauvre en oxygène. En revanche, ce monde doit être riche en glace ou en neige, ce qui implique une température rigoureuse, très froide. Or, aucune planète de notre système ne réunit ces conditions. A priori, Mars vient à l'esprit, mais sa teneur en oxygène est quasi nulle. Nous devons donc envisager un astre hors de notre système et là, nos connaissances cosmogoniques et astrophysiques sont insuffisantes pour nous permettre de nous prononcer. Pour l'instant, cette question demeure donc sans réponse. Mais venez, si vous le voulez bien, dans la pièce voisine rendre visite à nos deux autres pensionnaires...

Encore ébranlés par ces révélations, ils pénétrèrent dans une aussi grande salle que la précédente et marquèrent sur le seuil une hésitation instinctive. Au milieu de la pièce, sur un énorme siège d'acier scellé à une volumineuse dalle de ciment, était enchaîné un Yéti. Un collier de fer enrobé de caoutchouc et maintenu par une courte chaîne au dossier du siège enserrait le cou musculeux de la créature aux longs poils rougeâtres. Sa tête dodelinait doucement de droite à gauche et, parfois, s'inclinait sur sa poitrine bombée, démesurément développée. Sur une longue table métallique voisine, un autre Yéti était également enchaîné.

– Voici les deux spécimens que nous avons laissés en vie, commenta le professeur Haern. Nous les avons placés dans un état de torpeur temporaire car leur comportement à l'état de veille est assez mystérieux. Après que Jeff Anders les eut ramenés suspendus sous la carlingue du Puma, nous avons immédiatement enchaînés ces deux-là cependant que les autres recevaient aussitôt une dose massive de strychnine pour être ensuite disséqués. Lorsque ceux-ci reprirent connaissance, ils entrèrent d'abord dans une fureur extrême et, durant un moment, nous craignîmes de les voir rompre leurs chaînes. Un groupe de G.I's armés de mitraillettes se tenaient ici même, prêts à les abattre s'ils étaient parvenus à leur fin.

« Brusquement, ils retrouvèrent leur calme et parurent *écouter* quelque chose. Nous prêtâmes l'oreille, pensant qu'un bruit dans l'autre pièce ou à l'extérieur les avait intrigués, mais tout était silencieux. De temps à autre, les deux Yétis échangeaient entre eux des paroles – et non des cris ou rauquements – incompréhensibles. Ils nous observaient avec une curiosité avide mais sans animosité, pour autant que l'on puisse interpréter correctement leur regard ou l'expression de leur faciès velu. Leurs yeux énormes parcouraient la pièce, le parquet, le plafond, l'unique porte de communication avec le labo contigu et s'attardaient longuement à l'examen des sièges en acier sur lesquels ils étaient enchaînés.

« Cette inspection visuelle terminée, ils restèrent attentifs et, de nouveau, parurent écouter. C'est à ce moment-là que du labo voisin arriva le docteur Helliot, très surexcité, qui nous annonça l'étonnante découverte du psycho-émetteur-récepteur logé dans la boîte crânienne des cadavres autopsiés. Nous comprîmes alors les raisons du bizarre comportement des deux Yétis laissés en vie. Libérés pour un instant du contrôle de leur mental au moment de leur réveil, ils n'avaient obéi qu'à leur instinct et, furieux, avaient tenté de briser leurs chaînes. Mais cet accès de fureur fut de courte durée. Les injonctions de “ ceux ” qui commandaient à leurs actes et à leurs pensées maîtrisaient de nouveau leur cerveau. Nous acquîmes ainsi la certitude que, par les yeux des

Yétis, leurs “ Maîtres ” nous observaient, observaient cette pièce, les sièges et les chaînes qui retenaient leurs “ sujets ” *et cela nous fit peur!* Quelles allaient être les réactions de « ceux » qui, à travers leurs yeux, nous espionnaient? Mijotaient-ils une tentative d'évasion de leurs sujets capturés? Difficilement admissible. Néanmoins, nous décidâmes sans délai de mettre ces êtres dans l'incapacité de poursuivre leurs observations et de recevoir les mystérieuses consignes mentales lancées par leurs “ Maîtres ” dans leur cerveau. Un puissant somnifère leur fût donc administré.

– Vos explications, professeur Haern, commença Richardson, nous renseignent sur un épisode tragique : la mort atroce des pilotes argentins massacrés par les Yétis. Sous le contrôle de leurs « Maîtres » énigmatiques, ces créatures sont vraisemblablement inoffensives mais, si, pour une raison qui nous échappe, ce contact mental est interrompu, elles retournent à leurs instincts et se livrent à des accès de fureur homicide.

Le colonel Nollan, après cette remarque, s'adressa aux compagnons du psychanalyste :

– Connaissant ces dangers, êtes-vous toujours décidés à seconder le docteur Richardson, à participer activement à son stratagème?

Ils acceptèrent ces risques à l'unanimité et le professeur Laker souligna :

– Nous le ferons d'autant plus volontiers que de notre tentative dépend peut-être le salut de

Claude Palmer, Brown, le professeur Bentos et de ses trois collaborateurs tombés aux pouvoirs de ces « Maîtres » invisibles qui dominent aussi les *Ukumar Zupai*.

– Nous n'en attendions pas moins de vous, déclara le commandant Vargas sincèrement ému. Le mystère des Abominables Hommes des Neiges intéresse *maintenant la Terre entière* car, nous venons de l'apprendre, une mission géophysique soviétique opérant en Sibérie septentrionale vient de voir trois de ses membres enlevés par les Yétis! Nous avons aussitôt adressé un long message explicite en code à notre ambassade à Moscou afin que notre représentant fasse part aux autorités soviétiques de notre expérience en la matière. Un officier supérieur de l'Opération « Diego » est parti pour Moscou et, nous-mêmes, attendons l'arrivée d'un attaché militaire russe.

« En substance, conclut le colonel Nollan, ces êtres ont été signalés à tous les points du globe où règne une température excessivement basse, mais seulement lorsque ces points sont une région sauvage et quasi inhabitée. Nous assistons donc apparemment à l'établissement de plusieurs " têtes de pont " de ces Hommes des Neiges et de " ceux " qui les dirigent avec une maîtrise ahurissante! Tout cela ne peut rien augurer de bon et nous sommes forcés d'agir, vite et efficacement, si nous ne voulons pas nous réveiller un jour avec un psycho-émetteur-récepteur dans le crâne qui ferait de nous de simples pantins dont Dieu sait quelle créature tirerait les ficelles!

CHAPITRE IX

Le Puma ramenant le docteur Richardson et ses compagnons atterrit sur le plateau de la Puna de Atacama vers 8 heures, alors que les géophysiciens s'affairaient déjà autour de leurs installations. Le professeur Bentos, chef de la mission géophysique, se dirigea vers eux et, sans préambule, apostropha le psychanalyste :

– Je ne sais à quel manège vous vous livrez mais vos activités occultes jettent la perturbation dans nos travaux! Pour quelle raison vous êtes-vous cru autorisé à emmener avec vous Sarmiento et le professeur Laker attachés à notre groupe? Et vous? fit-il en se tournant vers le dernier nommé. Vous aurait-il coûté beaucoup de me prévenir de votre... fugue?

– C'est vrai, prof, renchérit Laimon Brown amicalement. Nous étions très inquiets.

Le psychanalyste s'empressa de répondre pour eux sur un ton contrit.

– Pardonnez-moi d'avoir involontairement

causé tout ce tracas, professeur Bentos. Hier matin, vers 6 heures, le professeur Laker et Sarmiento, sortant de votre baraquement, vinrent s'informer du motif de notre départ en hélicoptère. Nous avions aperçu deux *Ukumar Zupai* sur le glacier nord et nous nous apprêtions à les suivre. Laker et Sarmiento décidèrent de nous accompagner dans ce vol qui, selon toute vraisemblance, ne devait durer qu'une heure ou deux. L'urgence de la tâche nous empêcha évidemment de vous aviser de notre départ. Mais voilà que, par un fâcheux coup du sort, non seulement nous perdîmes de vue les Yétis mais le rotor avant de l'hélico eut une défaillance, nous forçant à un atterrissage aux abords de Tolar Grande. Nous avons essayé plusieurs fois de vous contacter par radio mais, inexplicablement, nos appels n'eurent aucun succès. Il nous fallut donc attendre d'avoir réparé le rotor, ce qui nous demanda toute la journée d'hier et une partie de la nuit. Par crainte d'un nouvel incident, nous préférâmes attendre le lever du jour pour regagner le camp.

Le professeur Bentos perdit soudain sa mine renfrognée et demeura l'air absent durant une minute, puis il cilla à plusieurs reprises, tourna légèrement la tête vers Claude Palmer qui s'approchait du groupe et, de nouveau naturel, déclara :

– Bon, l'incident n'eut donc aucune suite fâcheuse. Nous allons nous remettre au travail. Mais pour fêter le retour de nos amis, le champagne s'impose, non?

En souriant, la jeune fille alla chercher une bouteille de Taittinger Brut Réserve tandis que Laimon Brown se chargeait de disposer les coupes sur la table.

– Ah! Une chose encore, docteur Palmer, ajouta Bentos. Ce matin, nous avons besoin du concours de Luis Dorrego. Consentiriez-vous à le remplacer pour nous mijoter un succulent déjeuner? Et s'il le faut, prenez un marmiton pour vous aider.

Elle accepta sans difficulté et sourit à Brown :

– Voulez-vous être ce marmiton, Laimon?

Il ne se fit pas prier pour donner son accord!

***

Réuni dans leur baraquement, Richardson, Orlando et leurs compagnons n'eurent nul besoin d'échanger leurs impressions : ils avaient tous compris la tactique employée par les « Maîtres ».

– Parbleu, grommela le psychanalyste, quoi de plus propice qu'un repas pris en commun pour plonger simultanément nos deux équipes dans le sommeil! J'espère que Sarmiento aura le temps – et l'occasion – avant midi de mettre au courant ceux de son groupe qui ignorent encore tout de nos projets. Pour que notre ruse ne soit pas éventée, il est indispensable que nous tombions « endormis » *tous* ensemble, sans quoi les Yétis ou leurs « Maîtres » – par la seule présence de

Claude Palmer, Brown et Bentos devenus leurs sujets – seraient avertis de l'échec de leur procédé. Connaissant maintenant l'heure à laquelle nous serons censés avoir perdu connaissance, il ne nous reste plus qu'à prévenir « Diego »...

***

Les prévisions de Richardson s'étaient avérées. Restés seuls à préparer le repas, Claude Palmer et Laimon Brown – obéissant à une volonté extérieure – avaient tout à loisir mêlé au potage ce que leurs « Maîtres » croyaient toujours être un puissant « somnifère ».

Anthropologues et géophysiciens étaient maintenant réunis autour de la grande table. Alors qu'il n'en était encore qu'aux premières cuillerées de son potage – rendu légèrement douceâtre par le bicarbonate de soude! – le psychanalyste sembla se souvenir brusquement de quelque chose et, mécontent, se leva.

– Voilà que j'ai oublié mes pilules! Je les ai laissées au camp. Excusez-moi, je vais les chercher car mon estomac a de ces façons désagréables de désapprouver l'oubli de cette corvée quotidienne!

Les autres sourirent et continuèrent de manger pendant qu'il enfilait sa combinaison polaire avant de sortir. Il gagna l'autre camp à grandes enjambées et, dans la pièce principale, il installa l'émetteur-récepteur tout contre le mur, sous la fenêtre. Assuré ainsi de voir la portion du plateau qu'occupait l'autre camp, il mit le contact et appela la base « Diego ».

– Je viens de trouver une excuse pour quitter la table au début du repas, annonça-t-il. Par la fenêtre, j'aperçois une bonne partie de la Puna de Atacama ainsi que les baraquements des géophysiciens où nos deux groupes se trouvent rassemblés. Ceux-ci, continuant de manger, ne tarderont pas à jouer la comédie du sommeil « imprévu »! Tout va se décider dans les minutes à venir et... Restez à l'écoute!

Le psychanalyste s'était interrompu : un phénomène bizarre venait d'attirer son attention. Sur l'étendue neigeuse, les baraquements distants de trois cents mètres parurent progressivement *voilés,* tout comme si une buée avait recouvert le plexiglas de la fenêtre. Tout à coup, ils cessèrent d'être visibles et une immense sphère translucide, très pâle, apparut insensiblement. A mots hachés, Richardson décrivit au micro le phénomène :

– Cette sphère, d'au moins trente mètres de diamètre, est apparue entre le camp des géophysiciens et mon poste d'observation, masquant ainsi les baraquements. D'abord invisible, cette « bulle » géante prit forme et consistance. Translucide, elle se confond presque avec la neige et ne paraît pas reposer sur le sol... Sapristi! D'une trappe, à sa base, surgissent des Yétis... Quatre, six, huit, dix créatures velues, rougeâtres, hautes en moyenne de trois mètres cinquante se dirigent vers le baraquement où je devrais me trouver... A quatre pattes, elles se coulent dans le passage isothermique menant à la pièce où mes camarades doivent simuler un profond sommeil...

Il s'écoula dix minutes environ avant que les Abominables Hommes des Neiges ne ressortent, transportant dans leurs bras puissants les savants et techniciens soi-disant endormis.

– Nous allons être enlevés à bord de cette « bulle », continua Richardson. Donnez l'ordre aux hélicos de décoller immédiatement. Qu'ils observent la région de loin et à l'altitude maximum à l'aide des télescopes de bord afin de ne pas donner l'éveil aux Yétis. Je vais être obligé de sortir et de simuler la perte de conscience avant que les monstres n'aient regagné leur sphère... Ils ont revêtu mes camarades de leurs combinaisons polaires ou peut-être ont-ils ordonné à Claude Palmer, Bentos et Brown de les en revêtir? Ces trois derniers marchent comme des somnambules, le regard fixe... Je vais sortir pour être enlevé avec eux... Je coupe, « Diego »...

Richardson s'assura que le Colt jouait bien dans son holster, sous son aisselle gauche, puis il ouvrit la porte, sortit et la referma brutalement. A ce bruit, les deux derniers *Ukamar Zupai* prêts à entrer dans la gigantesque bulle translucide se retournèrent prestement juste au moment où le psychanalyste titubait avant de s'affaler dans la neige. L'une des créatures poussa un cri assourdissant et bondit vers le corps qui venait de s'écrouler. Richardson ne put réprimer un instinctif frisson de panique en se sentant soulevé par les monstrueuses mains velues de cet être aux longs poils rouges qui dégageait une odeur âcre, piquante, donnant la nausée. Placé comme un vulgaire fardeau sur l'épaule énorme de son porteur, il cessa de voir la neige, remplacée aussitôt par le parquet grisâtre de la sphère où il venait d'être emmené. Il fut ensuite déposé sur le sol mais, là, se garda bien d'ouvrir les yeux. Une douce vibration, à peine audible, l'environna. Il osa prudemment soulever à demi une paupière et aperçut à ses côtés Enrico Sarmiento, simulant un profond sommeil à l'instar des autres « kidnappés ».

Richardson s'enhardit, entrouvrit un peu plus les paupières mais conserva son immobilité. Il se trouvait dans une cabine d'environ dix mètres sur cinq, haute de six mètres, aux murs, parquet et plafond analogues à du verre opaque, laiteux. Nulle porte, trappe, ni hublot, nul siège, appareil quelconque ni rivets ou vis n'étaient visibles! Déconcerté, le psychanalyste chuchota dans un murmure à peine audible :

– Sarmiento?

– Oui, perçut-il dans un souffle dominant à peine les vibrations.

– Faites passer la consigne suivante : que personne ne prenne d'initiative, à moins qu'il ne s'agisse d'une question vitale. Chacun devra calquer ses actes sur les miens...

Avec une lenteur extrême, le météorologiste tourna la tête vers son voisin, le professeur Orlando. En quelques minutes, la consigne passa de l'un à l'autre.

Les vibrations douces moururent decrescendo et, dans le mur nu du fond de la cabine, un rectangle de lumière éblouissante apparut puis disparut brusquement pour laisser à sa place une ouverture haute de cinq mètres et large de deux mètres cinquante. En file indienne, dix Yétis la franchirent. Leur carrure cyclopéenne prenait un étonnant relief sur ce fond opalescent. Leur faciès presque humain tempérait quelque peu leur aspect effrayant. Ils s'approchèrent des captifs « endormis », les soulevèrent dans leurs bras et repassèrent par la curieuse ouverture dans le mur phosphorescent. Richardson, après un temps qui lui parut anormalement long pour un parcours à travers cette sphère de dimensions relativement réduites, sentit qu'on le déposait de nouveau sur le sol. Laissant filtrer son regard à travers les cils, il distingua une salle aux proportions inusitées. Circulaire, d'un diamètre de trente mètres environ, elle était haute d'au moins dix mètres. Son plafond, concave, répandait une aveuglante lumière bleuâtre que renvoyaient la paroi latérale et le parquet.

Au milieu de cette vaste cabine se dressait un échafaudage complexe de tubes mauve clair, brillants, qui s'entremêlaient inextricablement. L'ensemble pouvait grossièrement figurer une sphère de deux mètres de rayon. Cet assemblage baroque semblait posé à la surface d'une piscine circulaire de huit mètres de diamètre. En fait, les tubes enchevêtrés plongeaient leur base dans un épais liquide verdâtre à la surface duquel venaient parfois crever d'énormes bulles phosphorescentes dorées. Le rebord en saillie de ce singulier bassin s'évasait en quatre endroits différents pour former une hauteur de quatre-vingt-dix centimètres.

Claude Palmer, Laimon Brown et le professeur Bentos, debout contre la paroi opposée, demeuraient figés. Un peu plus loin, le psychanalyste eut la surprise d'apercevoir, conservant la même rigidité, Novilla, Lovello et Puerta, les trois derniers membres de la mission géophysique à avoir été enlevés par les « hommes » des Neiges. Quatre de ces derniers soulevèrent chacun un captif – Orlando, José Alvarez, Luis Dorrego et Da Selva – qu'ils allèrent doucement déposer sur les dalles disposées autour de l'énigmatique piscine avant de les débarrasser de leurs combinaisons polaires. De la surface latérale droite de chaque dalle sortirent deux plateaux étincelant violemment.

Richardson entrevit, sur ces plateaux, divers instruments d'un noir brillant, instruments chirurgicaux, crut-il reconnaître. Il y avait notamment une sphère à multiples facettes phosphorescentes, d'environ trente centimètres de diamètre, qu'il ne sut rattacher à aucun type d'appareil, chirurgical ou autre. Une sourde inquiétude étreignait ceux qui, allongés sur les dalles, feignaient l'inconscience.

Des bulles phosphorescentes dorées vinrent, de plus en plus nombreuses, crever la surface vert sombre de la piscine maintenant parcourue de longs frémissements. Du liquide sirupeux émergea très lentement une masse gélatineuse verdâtre, tremblotante, qu'ébranlaient des pulsations au rythme régulier. Progressivement, la masse informe se gonfla et monta *à travers* l'inextricable échafaudage mauve clair. Poussant des sortes de ramifications bulbeuses et spongieuses entre chaque « vide » de l'édifice tubulaire, la masse verdâtre s'éleva, enfla dans un désagréable bruit de succion et de pétillement gazeux. Elle occupa enfin l'ensemble de la construction qui prit alors l'aspect d'une sphère irrégulière luisante, glaireuse, de laquelle s'écoulaient une multitude de grosses gouttes vertes, mauves ou dorées retombant dans la piscine dont le niveau avait considérablement baissé.

Le docteur Richardson, ahuri, se laissa aller à ouvrir grands ses yeux pour contempler cet étonnant spectacle. De l'énorme sphère tremblotante émergèrent, en face de chaque dalle, deux turgescences qui s'étirèrent en ondulant à l'horizontale comme deux monstrueux tentacules dépourvus de ventouses. D'un diamètre de cinquante centimètres à leur attache, ces tentacules longs de trois mètres se terminaient par une spatule spongieuse animée de mouvements divers, surtout de contractions et de dilatations.

Les Yétis se rapprochèrent alors des quatre hommes simulant le sommeil et les retournèrent précautionneusement sur le ventre. Le visage des captifs allongés sur les dalles occupa alors le creux, très souple et tiède, où, un instant plus tôt appuyait leur nuque. Les géants appliquèrent ensuite leurs mains démesurées sur les joues de chaque homme, leurs pouces pressant sur les tendons du cou et maintenant la tête du « patient » rigoureusement immobile. Au nombre de huit, les monstrueux tentacules émergeant de la volumineuse sphère gluante s'abaissèrent simultanément vers les instruments chirurgicaux. L'extrémité d'un des tentacules se déforma, se divisa en sept ramifications et prit l'aspect d'une grossière main verdâtre à sept doigts filiformes qui se saisirent de la boule à facettes phosphorescentes. L'autre tentacule écarta les instruments, isola un ovoïde noir, en retira une plaquette rectangulaire aux bords hérissés de nombreux fils très minces, brillants, et posa l'objet sur le plateau.

La gorge sèche, des gouttes de sueur perlant à son front, le docteur Richardson frémit en reconnaissant dans ce rectangle un psycho-émetteur-récepteur!

« Ainsi, cogita-t-il, ce ne sont point les Abominables Hommes des Neiges qui pratiquent les trépanations sur leurs victimes mais... cette chose non moins abominable, « panse » glaireuse soutenue hors de ce bassin par cet échafaudage tubulaire qui lui sert d'ossature! Les Yétis ne sont donc que les assistants dociles de ce... *Maître!* Est-ce donc à « ça » que Palmer, Brown et Bentos faisaient allusion en parlant des « Maîtres »? Cette horrible « chose » n'est pas terrestre : jamais hideur pareille n'exista sur la Terre!... Au fait, la « bulle », translucide où nous sommes enfermés n'a-t-elle pas gagné l'espace, fonçant vers une autre planète? Dans ce cas, se dit-il, affolé, nul secours ne pourra plus nous être porté! »

Le tentacule digitiforme abaissa la sphère à facettes au-dessus de chaque « patient » et la maintint, rigoureusement immobile, à quelques centimètres de leur nuque. Les quatre hommes, que la « chose » et les Yétis croyaient endormis, allaient donc être trépanés! Une telle pensée fustigea le docteur Richardson et il donna un coup de coude à son voisin, le météorologiste Sarmiento qui, l'imitant, bondit sur ses pieds en brandissant son Colt. Ils visèrent les tentacules de la masse gélatineuse et simultanément firent feu à sept reprises. Les quatre globes lumineux roulèrent au sol et éclatèrent cependant que les tentacules s'affaissaient, traînaient lentement sur le bord de la piscine, glissaient et plongeaient dans le liquide glauque avant de se contracter violemment pour disparaître à l'intérieur de la grosse masse vaguement sphérique.

Tressaillant, les Yétis s'étaient retournés. Ils hésitaient, se balançaient sur un pied et sur l'autre, apparemment privés du contrôle psychique auquel leur cerveau était précédemment soumis. Au bruit des détonations, les captifs s'étaient immédiatement relevés, ne sachant trop que faire mais gardant fermement en main leur Colt. Les événements décidèrent pour eux : trois des Yétis, en grognant, sortaient de leur torpeur. Un rictus incroyablement bestial défigura leur masque et ils se ruèrent sur Richardson. Celui-ci visa leur tête et tira en même temps que Sarmiento. Le professeur Laker, debout sur la dalle où il avait été allongé, venait lui aussi de loger ses balles dans la nuque des deux autres monstres qui se ruaient sur ses collègues. La vaste cabine circulaire résonnait des détonations assourdissantes.

– Tirez avant qu'ils n'échappent totalement à leur contrôle!

A peine Richardson venait-il d'achever qu'une main se referma brutalement sur son poignet. Il fit volte-face et reconnut Laimon Brown, le regard vide, qui s'efforçait de lui arracher son arme. D'un croc-en-jambe, le psychanalyste le culbuta et, avant qu'il n'ait touché terre il lui appliqua une manchette sur la nuque.

– Attention à Bentos! lança-t-il au météorologiste qui venait d'abattre un nouveau Yéti prêt à sauter sur Dorrego.

Sarmiento se retourna vivement et, comprenant que son chef était privé de volonté, il lui décocha au menton une droite foudroyante. Orlando était aux prises avec sa collègue britannique – échevelée mais les yeux curieusement ternes – qui cherchait à l'entraîner vers la cuve bouillante dans laquelle, maintenant, s'enfonçait doucement l'énorme masse gélatineuse. Richardson réprima un mouvement d'humeur devant les efforts de l'Argentin à ménager la jeune fille et il s'élança à son aide. Du revers de la main, il frappa un coup sec sur la nuque et Claude Palmer devint molle dans les bras du professeur Orlando qui accompagna sa chute vers le sol.

Les dix Yétis gisaient enfin sur le parquet fluorescent. Ils avaient été abattus l'un après l'autre mais nombre de balles perdues étaient allées se loger dans la « chose » innommable qui, insensiblement, achevait de glisser au travers de son « ossature » tubulaire et faisait entendre des clapotis, des bruits de succion. Dans sa masse translucide verdâtre apparaissaient plusieurs taches plus claires avec, au milieu et à l'emplacement de la balle, une auréole dorée.

– Nous avons blessé ce... cette « chose », articula le professeur Orlando, très pâle. C'est pourquoi elle a partiellement perdu le contrôle des *Ukumar Zupai*...

Avec un *floc* visqueux, la monstrueuse masse tremblotante, dégagée de son ossature tubulaire, se laissa couler dans le liquide gluant de la piscine. De plus en plus nombreuses des bulles dorées vinrent en crever la surface.

Richardson s'agenouilla auprès de Claude Palmer qui battait des paupières puis ouvrait les yeux. Le psychanalyste eut promptement conscience qu'un tel regard n'exprimait aucun sentiment : Claude Palmer *ne le voyait pas!* Il s'apprêtait à la soulever mais à cet instant la jeune fille, d'une voix rauque et hésitante, parla :

– Terriens! Êtres brutaux et sanguinaires! Vous avez sauvagement abattu ces innocents Glorakz que vous nommez Yétis, *Ukumar Zupai* ou Abominables Hommes des Neiges...

Sidéré, Richardson leva les yeux pour regarder tour à tour ses compagnons abasourdis. Puis il revint à Claude Palmer qui poursuivait :

– Je m'adresse à vous par l'entremise de l'organe vocal de votre sœur de race, car je ne puis m'exprimer sur le mode communicatif sonore en usage sur votre monde. Je puise ces sons dans l'association idéographique des symboles présents dans les zones mnémoniques de son cerveau. Si ces symboles me sont familiers, j'ignore tout, en revanche, de leur traduction phonétique. Le sens auditif est d'ailleurs inconnu sur Vlishga, notre planète, mais nous sommes pourvus d'autres sens, inconnus de vous.

– D'où venez-vous? Pourquoi êtes-vous venus sur la terre? Où est situé votre planète? lança Richardson d'une voix blanche.

Soit que l'être gélatineux n'ait pas voulu répondre, soit que son sujet – Claude Palmer – n'ait pu lui transmettre ces paroles, les questions du psychanalyste restèrent sans écho. La voix mécanique parlant par la bouche de la jeune fille reprit :

– Nous n'avons jamais entrepris de manœuvres hostiles à l'égard des Terriens. Le seul acte ignoblement brutal commis par nos Glorakz le fut à la suite d'un incident involontaire qui les priva, pour un temps très court, du contrôle exercé sur leur cerveau par ma volonté. Je regrette profondément cette barbarie de la part des Glorakz, créatures jadis sauvages mais que nous avons su adoucir et transformer en assistants dociles par adjonction dans leur boîte crânienne d'un appareil « psycho-électronique ».

« Notre espèce – monstrueuse à vos yeux sous son apparence gélatineuse informe – est une espèce pensante, au même titre que la vôtre. La Vie offre dans ses aspects multiples une incroyable diversité de formes réparties sur les mondes innombrables du cosmos. Nous représentons sur le nôtre l'espèce évoluée et les Glorakz l'espèce primitive. Privés de toute ossature et devant, pour vivre, baigner dans le liquide sirupeux que vous pouvez voir ici, nous avons utilisé les Glorakz et fait d'eux nos « membres » mobiles. Soumis à notre volonté et psychiquement contrôlés, ils ont fabriqué tout ce dont nous avions besoin et notamment ce spationef qui nous permit d'aborder d'autres mondes dont le vôtre.

« Jadis, à l'aube de notre évolution, nous eûmes des difficultés pour créer par nos seuls moyens les machines nécessaires à notre civilisation. C'est pourquoi nous décidâmes d'employer ces créatures primitives. Attachés au savoir, nous dédaignons la guerre. Pacifiques, nous abhorrons la violence et n'avons jamais utilisé nos connaissances – et nos pouvoirs – dans un but de conquête. Nous savons, pour l'avoir puisé dans le cerveau des humains soumis à notre contrôle, qu'il n'en est pas de même chez votre espèce, belliqueuse et hostile en général. Certes, sur le plan individuel, nous avons décelé de nobles aspirations, de hautes pensées, mais dans quel infime pourcentage!

« Nous avons abordé votre monde poussés par un dessein strictement scientifique, en chercheurs dépouillés de tout esprit de lucre ou de haine. Sans doute jugerez-vous nos méthodes d'investigations comme amorales et portant atteinte à ce que vous nommez la dignité de la personne humaine. Cela relève d'une optique primitive. L'usage d'un psycho-émetteur-récepteur intracrânien n'a d'autre but que de nous renseigner sur votre mode de vie et sur vos connaissances. Véritables scientifiques et n'ayant jamais porté préjudice à autrui, nous considérons nos méthodes comme honnêtes et sans danger. Car nos trépanations et l'inclusion de l'appareil psycho-électronique sont sans danger pour l'organisme de ceux que nous avons fait enlever par les Glorakz. Rendus à la liberté, ces sujets redeviennent normaux et vivent, à très peu de chose près, comme par le passé. Une seule différence : nous enregistrons leurs pensées et nous nous en servons pour établir une histoire générale de votre civilisation. Nous avons jusqu'ici choisi des savants, techniciens et spécialistes que leurs connaissances et leur profession ont amenés à séjourner dans les régions froides et désolées de ce globe où nous savions le plus sûrement passer inaperçus. Nous avions, dès l'abord, envisagé d'entrer en rapport ouvert avec votre espèce, mais nous comprîmes vite que notre apparence et celle des Glorakz – épouvantables, selon vous – seraient un obstacle quasi insurmontable à l'établissement de relations suivies et profitables réciproquement. Nous avons opté pour la méthode la plus rationnelle : l'enlèvement de sujets sélectionnés, lesquels seraient dotés d'un psychocontrôleur intracrânien... Vous imaginez, nantis de tels moyens, ce que nous pourrions faire si nous n'étions pas une espèce pacifique? Il nous serait infiniment aisé de bloquer les centres nerveux d'innombrables personnes et personnalités puis de les enlever afin de procéder sur elles à l'opération habituelle. En peu de temps, nous pourrions alors dominer votre monde!

Cette perspective fit courir un frisson d'angoisse aux captifs penchés sur la jeune fille inconsciente qui débitait cet ahurissant message émanant en fait de la monstrueuse créature immergée dans le liquide verdâtre.

– Nous ne commettrons jamais un acte aussi cruel. Les conquêtes nous laissent indifférents; notre propre monde nous suffit amplement. En outre, si nous avons à l'origine caressé l'espoir d'établir avec vous des relations durables, cet espoir s'est enfui à jamais. Nous ne tenons pas à vous compter parmi les rares espèces pensantes de la Galaxie avec lesquelles nous avons pu établir de tels rapports. Vous n'êtes pas mûrs pour bénéficier de notre savoir. Nous allons quitter pour toujours votre monde, trop agité, trop barbare pour nous et vous ne nous reverrez jamais..., même si, plus tard, vos descendants abordent notre planète. Ils ne verront de notre monde que son aspect extérieur, seul perceptible à leurs sens atrophiés. Ils en verront le reflet, clair à leurs yeux, mais celui-ci ne sera qu'un reflet très pâle, erroné, factice. Peut-être nous frôleront-ils, nous croiseront-ils dans les trois dimensions où ils ont l'habitude d'évoluer. En fait, ils ne pourront nous voir, *en dépit de notre présence.*

« Vous m'avez vu *ici*, dans cet appareil très particulier, vous échappez aux trois dimensions – en conservant votre stabilité tridimensionnelle – pour pénétrer dans un autre paramètre dimensionnel où l'un de nos aspects seulement vous devient perceptible. Cet avantage exceptionnel, cette faculté de perception, vous ne l'obtiendrez jamais plus. Nous sommes trop édifiés, maintenant, sur votre valeur spécifique ! Vous nous avez trompés – légitime défense, arguerez-vous – vous vous êtes laissés amener ici et avez sauvagement tué nos Glorakz. Plusieurs de vos projectiles ont atteint ma structure gélatineuse. Fort heureusement, il eût fallu bien autre chose pour me plonger dans l'état que vous appelez « mort ». Et si vous avez ourdi cette ruse pour vous introduire dans notre appareil, c'est très certainement parce que vous avez élaboré un plan d'attaque. Vous espérez probablement sortir d'ici afin d'ensuite pulvériser notre sphère. J'ignore tout de vos plans puisque par votre ruse vous n'en avez rien dit devant vos frères et votre sœur psychocontrôlés. Cela témoigne de votre part d'une ingéniosité – ou d'une perspicacité – diabolique.

« Néanmoins, je ne me soucie guère de vos machinations. Même si vos aéronefs venaient lâcher sur notre sphère une ou plusieurs de vos ridicules bombes H – exclusivement dangereuses pour *vous!* – notre appareil ne s'en ressentirait nullement. Cette sphère où vous vous trouvez échappe à vos dimensions; elle est donc hors d'atteinte. Votre corps ressent-il quelque douleur si son reflet, dans un miroir, reçoit un choc? Non, seul le miroir est touché. Nous sommes nous-mêmes, pour prendre une image, *au-delà du miroir*. Vous le voyez, votre espèce turbulente ne peut *rien* contre nous. Vous allez être rendus à votre monde. Mais auparavant, ceux d'entre vous qui ont été soumis à notre contrôle vont être débarrassés de leur psycho-émetteur-récepteur intracrânien.

« Le sujet par lequel je m'exprime est inconscient; je ne puis donc juger de vos réactions et ne puis vous voir. Cependant, j'imagine vos réactions, connaissant les dispositions tortueuses de votre esprit. Vous allez vous révolter et voir là une ruse de notre part. Détrompez-vous. Je vais vous prouver qu'il n'en est rien. Dans cette sphère, en d'autres cabines, se trouvent encore deux cents Glorakz, prêts à obéir aveuglément à mes impulsions mentales. Eu égard aux dimensions *apparentes* de cet engin vous doutez qu'il puisse contenir autant de ces êtres géants. Le fait est pourtant vrai. L'explication est simple et complexe à la fois. Ces Glorakz se trouvent dans une *projection extra-dimensionnelle* – présente ici même – des multiples cabines de cet appareil à extension variable dans les autres dimensions. Je pourrais, si nos desseins étaient aussi noirs que vous devez l'imaginer, faire surgir par exemple cinquante Glorakz dans cette cabine. Vous en tueriez certainement beaucoup mais seriez finalement submergés par leur nombre et réduits à ma merci. Telle n'est point mon intention. Pour le salut de vos semblables devant subir cette trépanation – indolore et inoffensive – je vous conseille de vous contenter d'observer sans agir. En ne respectant pas cette prudente passivité, vous risquez de faire échouer l'opération. Éloignez-vous jusqu'à la paroi; des Glorakz vont entrer, portant d'autres « globes à trépanation » en remplacement de ceux que vous avez détruits. Laissez-les agir et n'intervenez sous aucun prétexte...

Fortement impressionnés par ce fantastique exposé, ils obéirent avec un sentiment de malaise. Leurs regards de pitié s'attardaient sur la jeune fille et leurs compagnons – comme elle immobilisés au sol – qui allaient subir cette incroyable intervention chirurgicale pratiquée par un être sans commune mesure avec les espèces vivant sur la Terre.

Un rectangle de lumière éblouissante éclata sur le mur phosphorescent puis une ouverture apparut. Huit Yétis la franchirent, portant les « globes à trépanation » et un tube d'apparence métallique brillant. Ils déposèrent ces instruments dans les plateaux latéraux des dalles et allongèrent sur celles-ci la jeune fille, le professeur Bentos, Laimon Brown et Lovello. Les deux autres sujets à opérer demeurèrent sur le sol, maintenus en état léthargique par la volonté de la « chose » qui, maintenant, émergeait du liquide verdâtre pour s'élever à travers l'ossature tubulaire. Ses huit tentacules s'étirèrent et saisirent dans leurs « doigts » filiformes les globes à facettes. Les Yétis, entre-temps, avaient appliqué sur la nuque des patients l'extrémité du tube métallique qui se mit à scintiller violemment.

De l'endroit où ils se trouvaient, les autres captifs ne pouvaient suivre suffisamment bien les phases de l'opération. Ils virent les gros tentacules verdâtres s'abaisser puis s'élever au-dessus de la nuque des sujets. Tout contre l'une des facettes du globe adhérait un rectangle rougeâtre d'os et de chair, fragment du cuir chevelu! Leurs yeux se reportèrent vivement sur la nuque de leurs compagnons et ils frémirent. En l'espace de quelques secondes, le champ opératoire avait été tracé et la portion de la voûte crânienne enlevée dans la région du lobe pariétal. Les circonvolutions cérébrales apparaissaient, rose pâle, striées de fines ramifications brunâtres, visibles entre les bords du champ opératoire, et ceux du psycho-émetteur-récepteur encore appliqué sur le cerveau. Le second tentacule modelé en forme de main saisit dans le plateau une sorte de pince à trois griffes et revint vers le champ opératoire. La pince, mâchoires écartées, s'abaissa très lentement, millimètre par millimètre, puis, avec une plus grande lenteur encore, ses griffes se refermèrent sur les bords du psycho-émetteur-récepteur. Les Yétis « assistant » chaque tentacule dirigèrent alors le cylindre scintillant sur la nuque des patients. De son extrémité fusa un rayonnement mauve d'une insoutenable intensité lumineuse. Lorsque les témoins, le front couvert de sueur, purent de nouveau ouvrir les yeux, ils tressaillirent : le champ opératoire avait disparu, correctement « ressoudé » avec le rectangle précédemment découpé dans la boîte crânienne de chaque patient. Aucune trace de sang ni de blessure la plus infime n'était visible. Dans un angle des plateaux, les tentacules avaient déposé les minuscules appareils extraits du crâne des quatre humains opérés simultanément. Ce prodige chirurgical n'avait, dans son ensemble, pas duré dix minutes! Les deux autres sujets non encore opérés subirent le même traitement sans plus de difficulté.

Les docteurs Richardson et José Alvarez, bouleversés, s'approchèrent pour se pencher sur leurs camarades maintenant étendus à plat ventre sur le sol, spongieux à cet endroit. Le psychanalyste examina la nuque de la jeune fille, cherchant à déceler une trace de l'effarante opération qu'elle venait de subir; ses cheveux blonds brillaient d'une teinte lustrale, son cuir chevelu ne portait absolument aucune marque, aucune cicatrice.

– Alvarez, murmura-t-il, si nous pouvions bénéficier du procédé de cicatrisation et de régénération cellulaire instantané dont disposent ces... ces être gélatineux, quel bond formidable notre malheureuse science ne ferait-elle pas!

– Et que de souffrances éviterions-nous à l'humanité! soupira l'Argentin après l'examen du crâne du professeur Bentos, aussi indemne que celui des autres opérés.

Claude Palmer respira bruyamment, remua ses membres, puis, interdite de se trouver à plat ventre, elle se ramassa sur elle-même et se leva, aidée par le docteur Richardson.

– Comment vous sentez-vous, Claude? s'enquit-il, la gorge sèche.

– Comment je...

Elle le considéra avec étonnement.

– Mais parfaitement bien, doc. Quelle idée!

Elle haussa les épaules mais son regard refléta soudain un éclat de terreur indicible. Les traits déformés par l'angoisse, elle jeta un hurlement d'épouvante en apercevant les Yétis, figés autour de l'ouverture rectangulaire dans la paroi opposée.

– Calmez-vous, Claude! Calmez-vous! l'apaisa le docteur Richardson. Nous ne courons aucun danger...

– Claudy!

Elle tourna vivement la tête, vit s'approcher Laimon Brown en proie à un trouble violent et se blottit dans ses bras, désemparée.

– Oh! Lai chéri! Que se passe-t-il? Pourquoi sommes-nous ici, avec ces *Ukumar Zupai*... et cette monstrueuse « éponge » qui glisse lentement dans ce bassin au liquide verdâtre?

Richardson dut faire à la jeune fille et à tous ses compagnons opérés un récit fidèle des fantastiques événements qu'à leur insu ils venaient de vivre. Lorsqu'il eut achevé – après bien des questions et des exclamations – ses auditeurs échangèrent un regard médusé.

Les Yétis, groupés près de l'ouverture auréolée de lumière, lancèrent un cri aigu qui les fit tressaillir. A cet instant précis, les faibles vibrations résonnant dans la cabine diminuèrent pour, rapidement, devenir inaudibles. Les hommes n'eurent aucune peine pour interpréter le sens de ce cri aigu car l'attitude des Yétis – un bras dirigé vers l'ouverture rectangulaire – signifiait clairement une invitation à quitter les lieux. Ils se vêtirent en hâte de leurs combinaisons polaires et, non sans une certaine inquiétude, suivirent les monstrueuses créatures velues. Leur groupe traversa en ligne droite un grand nombre de salles et cabines, tantôt cylindriques, tantôt cubiques ou parallélépipédiques avant de déboucher – après dix minutes de marche! – dans une coursive en pente raide.

Les Yétis s'arrêtèrent et, par signes, leur enjoignirent d'avancer. Après avoir descendu ce plan incliné et sans avoir eu conscience de franchir une porte ou une écoutille, ils se retrouvèrent subitement dans la neige, sur le plateau glacé de la Puna de Atacama que balayait un vent cinglant. Ahuris, ils se retournèrent mais ne virent rien d'autre que l'immense étendue froide et désolée ainsi que leurs camps. Les yeux levés, ils discernèrent alors un globe diaphane, à peine visible mais qui prit graduellement consistance, vira au vert tendre, au vert éblouissant – comme le « météore » entrevu par Claude Palmer – puis disparut instantanément. Le phénomène de persistance rétinienne des images leur permit encore, pendant quelques instants, de voir le « fantasme » de ce globe mourant peu à peu en une tache aux limites mouvantes.

« C'est prodigieux! rumina Richardson. Nous avons parcouru au moins cinq cents mètres en ligne droite – du moins selon notre optique – à travers cet engin dont le diamètre n'excède pourtant pas trente mètres! »

– Nous participions alors, de par notre présence à son bord, à ses déconcertantes propriétés d'expansion à travers d'autres dimensions, supputa le professeur Howard Laker.

Le vrombissement caractéristique d'un hélicoptère leur fit lever les yeux et pousser des clameurs à tue-tête. L'appareil, en apercevant le groupe gesticulant, descendit à la verticale et atterrit non loin des premiers baraquements. Vêtu d'une confortable combinaison de vol chauffante, le colonel Nollan sauta à pieds joints dans la neige. Il ouvrait des yeux ronds, incrédule, et balbutiait en rejoignant le groupe :

– Ça, par exemple! Les autres ne seraient donc pas fous?

– Quels autres, colonel? tiqua le docteur Richardson.

– Vos collègues opérant dans l'Himalaya et en Sibérie viennent de nous adresser un message incohérent où il était question d'une épouvantable masse de gélatine qui leur aurait ouvert le crâne pour leur extraire le psycho-émetteur-récepteur et...

– Non, colonel, ils ne sont pas fous, confirma le professeur Laker. Nous venons de vivre une aventure en tout point semblable à la leur. Cette créature gélatineuse, après avoir délivré de son joug ceux d'entre nous qui y avaient été soumis, vient de s'enfuir à bord d'un extraordinaire appareil...

– Emportant avec elle son immense savoir dont nous aurions eu tant besoin, soupira tristement le professeur Orlando. Cette créature et ses semblables nous ont jugé indignes de bénéficier de leur fantastique science. Douces et pacifiques, elles ont à jamais abandonné notre monde dégradé pour regagner le leur où règne l'harmonie.

– Vraiment? fit le colonel Nollan, sarcastique. Voici plutôt pourquoi ces « gentilles boules de gélatine » ont abandonné notre monde « dégradé »...

Il désigna du doigt, haut dans le ciel, les deux Thunderchief aux ailes en delta dont le métal brillait aux rayons du soleil.

– Elles ont eu la frousse d'écoper l'une des bombes H que transportent ces appareils! Ici comme dans l'Himalaya ou en Sibérie, elles ont préféré sagement déguerpir.

Le professeur Laker lui décocha un regard chargé de commisération.

– Vous êtes dans l'erreur la plus complète, colonel. En ne rêvant que plaies et bosses et en prêtant à des êtres différents les instincts propres aux Terriens, les hommes resteront sempiternellement des arriérés!

Frustré d'une action pleine d'éclat – et de déflagrations! – l'officier, congestionné, s'apprêtait à laisser fuser son mécontentement.

Laimon Brown l'en dissuada par ces mots :

– N'ajoutez pas au ridicule en vous dressant contre cette vérité, colonel. Ce grand jour mérite mieux qu'une altercation.

– Grand jour! fulmina-t-il. Parlons-en! Ces créatures menacent la planète et vous...

– Mais qui vous parle de ça, colonel? N'avons-nous pas le temps de vous faire un rapport détaillé qui prouvera magistralement vos erreurs de jugement?

Il attira à lui la jeune anthropologue anglaise et, souriant, ironisa :

– Ce grand jour, naturellement, ne saurait vous concerner; vous pouvez cependant vous y associer en nous prenant à bord de votre hélicoptère.

– Ouais? Et pour aller où? questionna-t-il, soupçonneux.

– A Salta, la capitale de la province. Je suis sûr que nous y trouverons un pasteur...

appelez-moi
sur ma
ligne
privée :
16 (1) 43 54 29 29
Nous fantasmerons
ensemble.
Comtesse Alexandra

L'holocauste nucléaire tout le monde y pense...
C'est arrivé !
Après la Troisième guerre mondiale. C'est le chaos, l'horreur, et aussi la lutte pour la vie.
Dans un pays ravagé, livré à la famine,
où des hordes de motards et d'assassins sèment la terreur, un homme recherche sa femme et ses enfants.
Sa quête le mènera, dans cette Amérique
de cauchemar,... au bout de l'enfer.
Mais John Thomas Rourke n'a qu'un seul but,
continuer...
Il est

LE SURVIVANT

Chez votre libraire :

N° 1 Guerre totale *
N° 2 Le cauchemar commence
N° 3 L'escadron de fer
N° 4 Le cri de l'épervier
N° 5 Le piège
N° 6 Les hommes jaguars
N° 7 Le prophète
N° 8 Kamikazes
N° 9 Enfer cannibale

* Ce titre est vendu avec le Mercenaire n° 7,
La loi du silence.

LA COMPOSITION, L'IMPRESSION ET LE BROCHAGE DE CE LIVRE
ONT ÉTÉ EFFECTUÉS PAR LA SOCIÉTÉ NOUVELLE FIRMIN-DIDOT
POUR LE COMPTE DES ÉDITIONS PLON
ACHEVÉ D'IMPRIMER LE 15 SEPTEMBRE 1986

Imprimé en France
Dépôt légal : octobre 1986
N° d'édition : 11521 – N° d'impression : 5192